2025年全国税务师职业资格考试经典题荟萃

涉税服务实务

百题讲坛

肖晴初 ◎ 主编

经济日报出版社
·北京·

图书在版编目（CIP）数据

涉税服务实务百题讲坛 / 肖晴初主编. -- 北京：经济日报出版社，2025.5. -- （2025年全国税务师职业资格考试经典题荟萃）. -- ISBN 978-7-5196-1554-3

Ⅰ.F810.42-44

中国国家版本馆CIP数据核字第2024RZ8337号

涉税服务实务百题讲坛
SHESHUI FUWU SHIWU BAITI JIANGTAN

肖晴初　主编

出版发行：经济日报 出版社
地　　址：北京市西城区白纸坊东街2号院6号楼
邮　　编：100054
经　　销：全国各地新华书店
印　　刷：天津裕同印刷有限公司
开　　本：787mm×1092mm　1/16
印　　张：11
字　　数：282千字
版　　次：2025年5月第1版
印　　次：2025年5月第1次
定　　价：68.00元

本社网址：www.edpbook.com.cn，微信公众号：经济日报出版社
请选用正版图书，采购、销售盗版图书属违法行为
版权专有，盗版必究。本社法律顾问：北京天驰君泰律师事务所，张杰律师
举报信箱：zhangjie@tiantailaw.com　　举报电话：(010)63567684
本书如有印装质量问题，由我社事业发展中心负责调换，联系电话：(010)63538621

序 言

在财税领域，税务师职业资格考试是衡量专业能力的重要标尺，也是从业者迈向职业高峰的关键阶梯。它不仅考验考生对财税知识的系统掌握，更注重其在实际业务中精准分析、高效解决问题的能力。基于此，"全国税务师职业资格考试经典题荟萃"丛书应运而生，丛书以精准剖析经典题为核心，助力考生高效备考，顺利跨越职业成长的重要关卡。

本系列丛书共5个分册，编写团队均为在教学一线工作多年的权威、资深教师，教学经验丰富，对考试命题趋势和考生学习情况都十分了解。丛书的每一册都经过编者精心策划与打磨，以期帮助考生了解考试趋势、全面掌握考点及应试技巧，从而提高学习效率。"2025年全国税务师职业资格考试经典题荟萃"丛书分册如下：

1. 《税法（一）百题讲坛》　　　　　　　　肖晴初　主编
2. 《税法（二）百题讲坛》　　　　　　　　战大萍　主编
3. 《涉税服务相关法律百题讲坛》　　　　　杨茂群　主编
4. 《财务与会计百题讲坛》　　　　　　　　夏洪智　主编
5. 《涉税服务实务百题讲坛》　　　　　　　肖晴初　主编

本系列丛书以"百题讲坛"的形式，精选了具有代表性、综合性的题目，这些题目并非简单地堆砌，而是依据最新考试大纲和命题规律精心筛选。每一道题目都像是一把钥匙，开启一个或多个重要知识点的大门。通过对这些题目的详尽剖析，考生不仅能够掌握解题思路和方法，更能举一反三、触类旁通，实现从"知其然"到"知其所以然"的飞跃。

本系列丛书紧密跟踪财税政策最新动态，确保内容与时俱进。针对财税领域政策法规更新频繁的特点，丛书编写团队实时收录了最新政策等相关内容，使考生所学与实际业务、考试要求保持高度一致，有效规避因政策掌握滞后带来的学习偏差和考试风险。

本系列丛书是税务师考生的通关利器，希望既能帮助考生系统夯实专业基础，又能快速提升应试能力，同时也为应对日常工作中的复杂问题提供权威解析和案例参考，以便精准决策。

愿"百题讲坛"助力各位考生高效备考，顺利通关！

编委会
2025年3月

目 录

第一章 导 论

涉税专业服务的概念及特点★ ··· 1
涉税专业服务范围★★ ··· 2
实名制管理和业务信息采集★★ ··· 3
信用评价★★ ··· 3
违法违规责任★ ··· 4
税务师★ ·· 5
税务师事务所★★ ·· 5

第二章 税收征收管理

税收征收管理的概念★ ··· 7
税务登记管理★★ ·· 8
账簿、凭证管理★★ ··· 9
发票管理★★★ ·· 10
纳税申报★★ ·· 16
税款征收方式★★ ·· 17
税收征收的措施★★ ··· 18
税务检查范围及检查程序方法★★ ·· 20
税务机关的权利、义务及法律责任★ ······································· 21

第三章　涉税专业服务程序与方法、纳税申报代理服务

增值税基本规定★ ··· 23
一般计税方法 ··· 24
预缴及减免税额★★ ··· 34
简易计税方法 ··· 36
代扣代缴方法★★ ·· 40
消费税相关规定★★ ··· 58
企业所得税基本规定★★ ··· 62
收入★★★ ··· 64
扣除★★★ ··· 67
应纳税额★★ ··· 72
个人所得税基本规定★★ ·· 104
综合所得相关规定★★★ ·· 107
经营所得相关规定★★ ·· 116
分类所得相关规定★★ ·· 117
其他规定及税收优惠★★ ·· 119
印花税★★ ··· 125
土地增值税★★ ··· 126
房产税★★ ··· 129
城镇土地使用税★ ·· 131
契税★ ·· 132
资源税★ ··· 134
环境保护税★ ··· 135
社会保险费★ ··· 136

第四章　涉税会计核算

会计与税法的一般性差异★ ·· 138
企业涉税会计主要会计科目的设置★★ ····································· 139
增值税的会计核算★★★ ·· 141
消费税的会计核算★ ··· 145
涉税账务调整的基本方法★ ·· 146
涉税账务调整的类型★★ ·· 147

第五章 涉税鉴证与纳税情况审查服务、税务咨询服务、其他税务事项代理服务

涉税鉴证与纳税情况审查服务★ ……………………………………………… 152
税务咨询服务★ …………………………………………………………………… 155
其他税务事项代理服务★ ………………………………………………………… 157

第六章 其他涉税专业服务

税务行政复议的有关规定★★ …………………………………………………… 159
税务行政诉讼的有关规定★ ……………………………………………………… 165

说明：本书采用★级进行标注。★表示需要了解，★★表示需要熟悉，★★★表示需要掌握。

第一章 导 论

■ **考情分析**

1. 重要程度：本章节属于非重点章节，分值为 2~4 分。
2. 考查题型：结合近5年真题，通常以单选题、多选题的形式进行考查。

■ **考点分布**

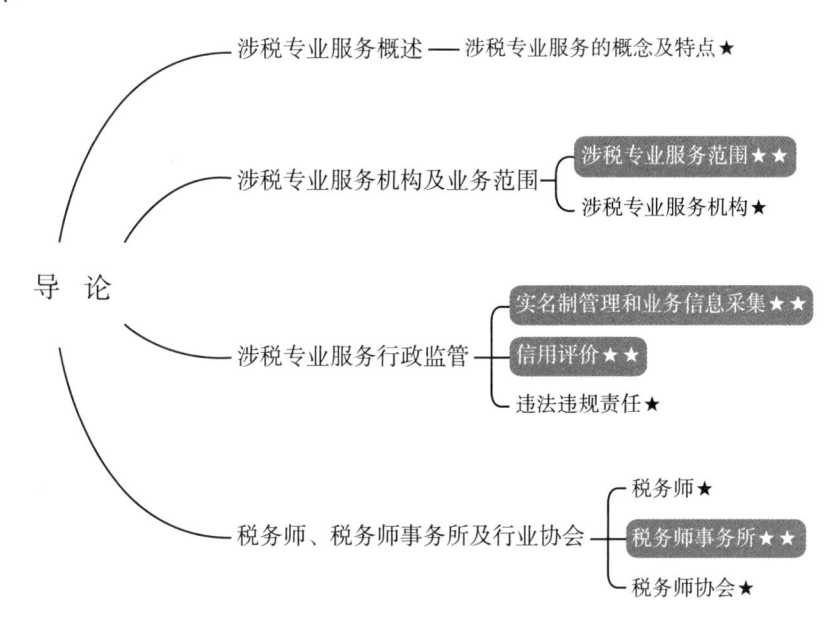

```
                    ┌─ 涉税专业服务概述 ── 涉税专业服务的概念及特点 ★
                    │
                    │                        ┌─ 涉税专业服务范围 ★★
                    ├─ 涉税专业服务机构及业务范围 ─┤
                    │                        └─ 涉税专业服务机构 ★
        导  论 ─────┤
                    │                        ┌─ 实名制管理和业务信息采集 ★★
                    ├─ 涉税专业服务行政监管 ──┤  信用评价 ★★
                    │                        └─ 违法违规责任 ★
                    │
                    │                              ┌─ 税务师 ★
                    └─ 税务师、税务师事务所及行业协会 ┤  税务师事务所 ★★
                                                   └─ 税务师协会 ★
```

▶ 高频考点· 涉税专业服务的概念及特点 ★

【单选题】下列不属于涉税专业服务特点的是（　　）。
A. 专业性　　　　　B. 公正性　　　　　C. 自愿性　　　　　D. 公益性

🔍 **解析**

概念	涉税专业服务机构接受委托，利用专业知识和技能，就涉税事项向委托人提供税务代理等服务。 【易错易混】税收责任的不可转嫁性——先由委托人承担对外责任，之后根据过错责任，再由委托人和受托人各自分担内部责任
特点（5个）	公正性、自愿性、有偿性、独立性、专业性

【答案】D

【单选题】涉税专业服务机构是税务机关和纳税人之间的桥梁和纽带，不仅有利于纳税人正确履行纳税义务，同时对国家税收政策的正确贯彻落实具有积极作用。下列各项中，不属于涉税专业服务的地位与作用的是(　　)。

A. 有助于优化纳税服务，降低税务风险　　B. 有助于加快税收立法的过程

C. 有助于提高税收征管效能　　D. 有助于提高税法遵从度

【解析】 涉税专业服务的地位与作用有：有助于优化纳税服务；有助于提高税收征管效能；有助于纳税人正确履行纳税义务，提高税法遵从度，从而降低税务风险。

【答案】 B

> 高频考点　涉税专业服务范围 ★★

【单选题】税务师接受行政、司法机关委托，指派有资质的涉税服务人员，对纳税义务人、扣缴义务人等纳税情况依法进行审查做出专业结论，应当属于(　　)业务。

A. 涉税鉴证　　B. 税收策划　　C. 纳税情况审查　　D. 专业税务顾问

【解析】 选项A，涉税鉴证业务是指鉴证人接受委托，依法对被鉴证人涉税事项的合法性、合理性进行鉴定和证明，并出具书面专业意见的业务活动；选项B，税收策划是指依据国家税收政策及其他相关法律法规和相关规定，为满足委托人特定目标提供的税收策划方案和纳税计划；选项D，专业税务顾问是指对纳税人、扣缴义务人就委托的特定涉税事项提供专项税务咨询服务或者为委托人提供长期税务顾问服务，并针对客户需求出具专门报告或建议。

【答案】 C

拓展　涉税专业服务范围（8类=4+4）

4：涉税鉴证业务、纳税情况审查业务、专业税务顾问业务、税收策划业务；(高风险业务，仅能由税务师事务所、从事涉税专业服务的会计师事务所、律师事务所承接)

特别提示：税收策划是指依据国家税收政策及其他相关法律法规和相关规定（前提），为满足委托人特定目标提供的税收策划方案和纳税计划。

如配合委托人战略发展需要和重大经营调整需要、适应委托人日常事项经营模式变化的特定交易事项、委托人重组及投融资事项、委托人其他拟开展的业务或实施的特定交易事项。

4：纳税申报代理业务、一般税务咨询业务、其他税务事项代理业务和其他涉税服务业务。(一般业务)

【多选题】下列业务属于涉税鉴证业务的有(　　)。

A. 企业注销登记鉴证　　B. 企业资产损失税前扣除鉴证

C. 纳税风险评估及大数据分析　　D. 税收权利义务事项鉴证

E. 企业合并特殊税务处理合规性审核

【解析】 涉税鉴证业务包括：高新技术企业专项认定鉴证、土地增值税清算鉴证、企业资产损失税前扣除鉴证、研发费用税前加计扣除鉴证、企业注销登记鉴证、涉税交易事项鉴

证、税收权利义务事项鉴证、涉税会计事项鉴证和其他涉税事项鉴证。

【答案】ABD

高频考点·实名制管理和业务信息采集★★

【单选题】税务师事务所在进行商事登记后,办理行政登记的机关是( )。
A. 省税务机关   B. 市税务机关   C. 县税务机关   D. 主管税务机关

解析 税务师事务所办理商事登记后,应当向省税务机关办理行政登记,纳入实名制管理范围。

【答案】A

【多选题】税务机关对涉税专业服务机构采取的监管和服务制度有( )。
A. 加入注册税务师协会
B. 行政登记
C. 实名制管理
D. 信用评价
E. 业务信息采集

解析 税务机关对涉税专业服务机构采取的监管和服务制度,包括实名制管理、业务信息采集、信用评价等相关措施。

【答案】CDE

拓展

业务情况报告	四项业务报告采集	完成专业税务顾问、税收策划、涉税鉴证、纳税情况审查业务的次年3月31日前,向主管税务机关报送《专项业务报告要素信息采集表》
	其他业务的报送	除上述四项业务外,可以于完成涉税服务业务之后,向主管税务机关报送服务信息

高频考点·信用评价★★

【单选题】涉税专业服务机构和从事涉税服务人员对信用积分、信用等级和执业负面记录有异议的,可在信用记录产生或结果确定后( )内,向税务机关申请复核。
A. 3个月   B. 6个月   C. 9个月   D. 12个月

解析 涉税专业服务信用复核机制。

【答案】D

拓展

对信用积分、信用等级和执业负面记录有异议的	12个月内申请复核;税务机关应30个工作日内完成复核工作

	续表
对税务机关拟将其列入涉税服务失信名录有异议的	应当自收到《税务事项通知书》之日起10个工作日内提出申辩理由，申请复核。税务机关应于10个工作日内完成复核工作

【单选题】省税务机关对涉税专业服务机构的信用等级评估结果自产生之日起有效期为(   )。

A. 1年　　　　　　B. 2年　　　　　　C. 3年　　　　　　D. 4年

解析　省税务机关应根据信用积分和信用等级标准对涉税专业服务机构进行信用等级评价，每年4月30日前完成上一个评价周期的信用等级评价工作；信用等级评价结果自产生之日起，有效期为1年。

【答案】A

拓展

信用失信名录	严重违法违规时，纳入涉税服务失信名录，期限为2年，到期自动解除；列入涉税服务失信名录前，税务机关应当向当事人送达告知书

高频考点　违法违规责任★

【单选题】关于涉税专业服务机构的违法违规责任的说法中，错误的是(   )。

A. 严重违法违规情形的涉税专业服务机构，可纳入涉税服务失信名录，1年后到期自动解除
B. 税务机关约谈当事人应当由两名以上税务人员同时在场进行约谈
C. 属于违法违规情形的，税务机关可以采取降低信用等级或纳入信用记录，暂停受理所代理的涉税业务等措施
D. 税务机关对风险高的涉税专业服务机构和人员进行风险预警、启动调查评估

解析　严重违法违规情形的涉税专业服务机构，可纳入涉税服务失信名录，2年后到期自动解除。

【答案】A

【单选题】按照党中央、国务院部署要求，税务总局出台了一系列简政减税降负措施，其中"有力度""有温度"的税收政策是(   )。

A. 行政处罚裁量权　　　　　　　　B. 互通信息互认结果
C. 对重大案件一事两查　　　　　　D. 非强制执行

解析　按照党中央、国务院部署要求，税务总局出台了一系列简政减税降负措施，积极优化税收营商环境，积极创新行政执法方式，有效运用说服教育、约谈警示等非强制性执法方式，让执法既有力度又有温度，做到宽严相济、法理相融。

【答案】D

高频考点· 税务师 ★

【多选题】税务师事务所涉税服务人员从事下列业务，应从实质上保持独立性的有( )。
A. 专业税务顾问　　　B. 纳税情况审查　　　C. 涉税鉴证
D. 税收筹划　　　　　E. 纳税申报代理

解析　税务师事务所涉税服务人员从事涉税鉴证、纳税情况审查业务，必须从实质上保持独立性；从事纳税申报代理、一般税务咨询、专业税务顾问、税收策划、其他税务事项代理、其他涉税服务业务，应当从形式上保持独立性。

【答案】BC

高频考点· 税务师事务所 ★★

【单选题】税务师事务所合伙人或者股东中，税务师占比应高于( )。
A. 30%　　　　B. 40%　　　　C. 50%　　　　D. 60%

解析　税务师事务所的合伙人或者股东应当由税务师、注册会计师、律师担任，其中税务师占比应高于50%。

【答案】C

拓展

地位	未经行政登记不得使用"税务师事务所"名称
行政登记	国家税务总局负责制定税务师事务所行政登记管理制度并监督实施，<u>省税务机关负责本地区税务师事务所行政登记</u>
行政登记的条件	**组织形式**：税务师事务所采取合伙制（普通合伙和特殊普通合伙）或者有限责任制
	具备条件：合伙人或者股东由税务师、注册会计师、律师担任，其中<u>税务师占比应高于50%</u>； 有限责任制税务师事务所<u>法定代表人由股东担任</u>； 税务师、注册会计师、律师<u>不能同时在两家以上的税务师事务所</u>担任合伙人、股东或者从业； 税务师事务所字号不得与已经登记的税务师事务所字号重复

续表

行政登记的条件	担任税务师事务所的合伙人或者股东的要求	执行事务合伙人或者法定代表人由<u>税务师</u>担任； 前3年内未因涉税专业服务行为受到税务行政处罚； 法律行政法规和国家税务总局规定的其他条件
	从事涉税专业服务的科技、咨询公司，担任税务师事务所的合伙人或者股东的要求	由税务师或者税务师事务所的合伙人（股东）发起设立，法定代表人由<u>税务师</u>担任； 前3年内未因涉税专业服务行为受到税务行政处罚； 法律行政法规和国家税务总局规定的其他条件

【单选题】下列关于涉税专业服务机构业务工作底稿及档案管理的规定，不正确的是(　　)。

A. 涉税专业服务机构应按不同客户、不同委托业务分别归整业务档案，对同一客户不同的委托业务，应分别归整业务档案

B. 涉税专业服务机构应当建立业务记录制度，记录执业过程形成工作底稿；于业务完成后120日内形成电子或纸质的业务档案，并保证档案的真实、完整

C. 税务师事务所的业务档案，应当自提交结果之日起至少保存10年

D. 税务师事务所应关注业务工作底稿归案是否及时、存放是否安全

🔍 **解析**

业务档案归档及保管规定	应整理业务协议、业务成果、工作底稿等相关资料，于业务完成后 <u>60 日</u>内形成电子或纸质的业务档案；建立档案管理制度按照法律法规规定合理确定档案保管期限，最低不少于10年

【答案】B

【单选题】税务师事务所通常不得采取(　　)组织形式进行行政登记。

A. 普通合伙企业　　　　　　　　　　B. 特殊普通合伙企业

C. 有限责任公司　　　　　　　　　　D. 股份有限公司

🔍 **解析**　税务师事务所采取<u>合伙制（普通合伙和特殊普通合伙）</u>或者<u>有限责任制</u>。

【答案】D

第二章 税收征收管理

■ 考情分析

1. 重要程度：本章节属于次重点章节，分值为 10~14 分。
2. 考查题型：结合近5年真题，以单选题、多选题和简答题的形式进行考查。

■ 考点分布

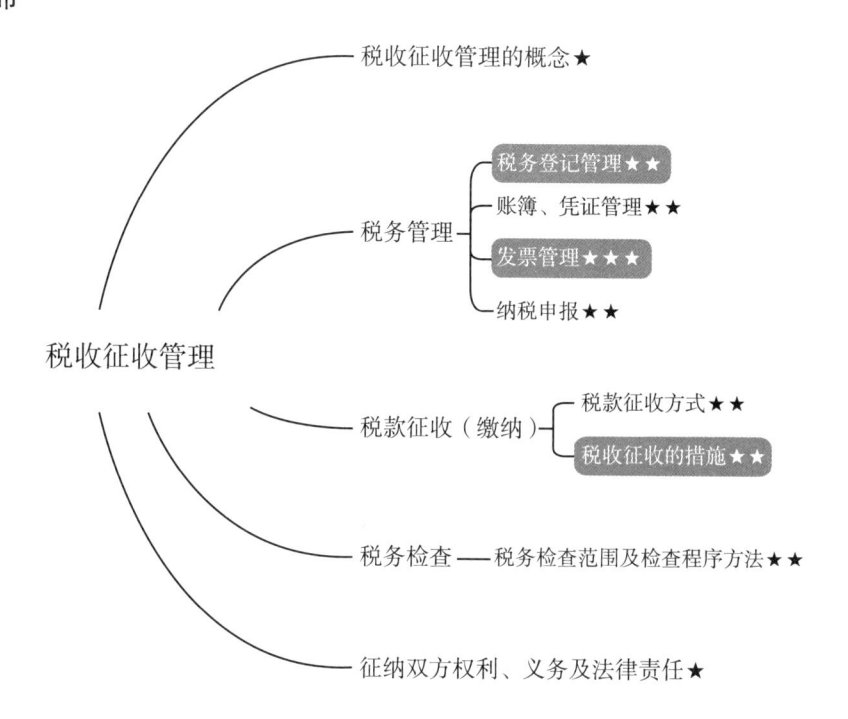

```
                    ┌── 税收征收管理的概念 ★
                    │
                    │                    ┌── 税务登记管理 ★★
                    │                    ├── 账簿、凭证管理 ★★
                    ├── 税务管理 ────────┤
                    │                    ├── 发票管理 ★★★
                    │                    └── 纳税申报 ★★
  税收征收管理 ─────┤
                    │                    ┌── 税款征收方式 ★★
                    ├── 税款征收（缴纳）┤
                    │                    └── 税收征收的措施 ★
                    │
                    ├── 税务检查 ── 税务检查范围及检查程序方法 ★★
                    │
                    └── 征纳双方权利、义务及法律责任 ★
```

高频考点·税收征收管理的概念 ★

【单选题】根据《关于进一步深化税收征管改革的意见》指出："着力打造高集成功能、高安全性能、高应用效能的智慧税务"的突破口是( )。

A. 金税工程　　　　　　　　　　　B. 服务纳税人、缴费人
C. 应用大数据收集　　　　　　　　D. 发票电子化改革

解析　《关于进一步深化税收征管改革的意见》指出：围绕把握新发展阶段、贯彻新发展理念、构建新发展格局，深化税收征管制度改革，着力建设以服务纳税人缴费人为中心、以发票电子化改革为突破口、以税收大数据为驱动力的具有高集成功能、高安全性能、高应用效能的智慧税务，深入推进精确执法、精细服务、精准监管、精诚共治，大幅提高税法遵从度和社会满意度，明显降低征纳成本，充分发挥税收在国家治理中的基础性、支柱

性、保障性作用，为推动高质量发展提供有力支撑。

【答案】B

【单选题】根据《关于进一步深化税收征管改革的意见》中提出智慧税务建设的要求，下列对智慧税务要求表达错误的是(　　)。
A. 2022年基本实现法人税费信息"一户式"智能归集
B. 2022年基本实现自然人税费信息"一人式"智能归集
C. 2025年实现税务执法、服务、监管与大数据智能化应用深度融合、高效联动、全面升级
D. 2025年基本实现税务机关信息"一局式"智能归集

解析　选项D，2023年基本实现税务机关信息"一局式"、税务人员信息"一员式"智能归集。

【答案】D

高频考点·税务登记管理★★

【单选题】下列关于注销税务登记的说法中，不正确的是(　　)。
A. 纳税人注销税务登记应结清应纳税款、滞纳金、罚款、缴销发票、税务登记证件和其他税务证件
B. 纳税人被市场监管局吊销营业执照的，应自被吊销之日起60日内，向主管税务机关申报办理注销税务登记
C. 纳税人应当在向市场监管局办理注销登记前，向主管税务机关申报办理注销税务登记
D. 清税完毕后根据清税结果向纳税人出具《清税证明》，并将信息共享到交换平台

解析　纳税人被市场监督管理局吊销营业执照的，应自营业执照被吊销之日起15日内，向主管税务机关申报办理注销税务登记。

【答案】B

【多选题】纳税人在市场监督管理部门办理简易注销后，可免于在税务机关办理《清税证明》的情形有(　　)。
A. 未设置账簿的
B. 未取得收入的
C. 被市场监督管理部门吊销营业执照的
D. 未办理过涉税事宜的
E. 办理过涉税事宜但未领用发票、无欠税（滞纳金）及罚款且没有其他未办结涉税事项的

解析

简易注销纳税人	税务部门通过信息共享获取市场监督管理部门推送的企业拟申请简易注销登记信息后，应按照规定的程序和要求，查询税务信息系统核实企业的相关涉税情况，对于经查询显示为以下情形的纳税人，税务部门不提出异议： （1）未办理过涉税事宜的纳税人； （2）办理过涉税事宜但未领用发票（含代开发票）、无欠税（滞纳金）及罚款且没有其他未办结涉税事项的纳税人； （3）查询时已办结缴销发票、结清应纳税款等清税手续的纳税人； （4）无欠缴社会保险费、滞纳金、罚款

【答案】DE

【多选题】税务机关采取"承诺制"容缺办理税务注销时，纳税人必须符合的容缺条件不包括(   )。

A. 无欠税（滞纳金）及罚款
B. 已缴销增值税专用发票及税控专用设备
C. 销售收入在 100 万元以下的
D. 须经县以上税务局审核的
E. 未处于税务检查状态

解析

"承诺制"容缺办理注销税务登记	（1）概念：纳税人在办理税务注销时，若资料不齐，可在其作出承诺后，税务机关即时出具清税文书；纳税人仍应按承诺的时限补齐相关材料并办结相关事项。(先办后补，税收信赖原则) （2）"承诺制"容缺办理的适用范围 ① 对未处于税务检查状态、无欠税（滞纳金）及罚款、已缴销增值税专用发票及税控专用设备，且符合下列情形之一的纳税人，税务机关提供即时办结服务，采取"承诺制"容缺办理：纳税信用级别为A级和B级的纳税人（信用良好）；控股母公司纳税信用级别为A级的M级纳税人（有担保）；省级人民政府引进人才或经省级以上行业协会等机构认定的行业领军人才等创办的企业（政府担保）；未纳入纳税信用级别评价的定期定额个体工商户（简单）；未达到增值税纳税起征点的纳税人（简单）。 ② 办理过涉税事宜但未领用发票（含代开发票）、无欠税（滞纳金）及罚款的纳税人，主动到税务部门办理清税的

【答案】CD

> 高频考点 **账簿、凭证管理** ★★

【单选题】纳税人自开立基本存款账户之日起(   )日内，向税务机关报告相关账户信息。

A. 15　　　　　　B. 30　　　　　　C. 45　　　　　　D. 60

🔍 【解析】 纳税人自开立基本存款账户或者其他存款账户之日起 15 日内,应向主管税务机关书面报告全部账号信息。

【答案】 A

📖 拓展

设置账簿的范围	从事生产、经营的纳税人:自领取工商营业执照之日起 15 日内设置账簿; 扣缴义务人:自扣缴义务发生之日起 10 日内,按照所代扣、代收的税种,设置代扣代缴、代收代缴税款账簿; 生产经营规模小又确无建账能力的纳税人:可以聘请专业机构代为建账和办理账务。 特别提示:计算机输出的完整的书面会计记录,可视同会计账簿
财务会计制度等备案管理	应当自领取税务登记证件之日起 15 日内,将其财务、会计制度或者财务、会计处理办法和会计核算软件等信息报送主管税务机关备案
账簿、凭证及其他有关资料的保存	会计档案的管理期限分为永久、定期两类,定期保管期限一般分为 10 年和 30 年。 除法律、行政法规另有规定外,凭证、账簿等主要会计档案最低保管期限延长至 30 年,其他辅助会计资料的最低保管期限延长至 10 年

高频考点 · 发票管理 ★★★

【单选题】下列不属于正确鉴别发票方法的是(　　)。

A. 依据发票的防伪措施鉴别　　　　B. 申请税务机关进行鉴别
C. 通过发票查验平台鉴别　　　　　D. 通过购货方业务人员进行鉴别

🔍 【解析】 鉴别发票真伪的方法主要有三种,分别是:通过发票查验平台查验;依据发票的防伪措施鉴别;申请税务机关进行鉴别。

【答案】 D

📖 拓展

按适用发票管理办法分类(按行业分类)	分为:常规发票和行业专业发票。 常见的行业专业发票: (1)金融企业的存贷、汇兑、转账凭证; (2)公路、铁路和水上运输企业的客运发票; (3)航空运输企业提供的航空运输电子客票行程单、收费公路通行费增值税电子普通发票等。 特别注意,行业专业发票仅适用于特殊行业的特殊经营业务,对于特殊行业的常规经营业务,仍应使用常规发票。例如航空企业下设客房部提供的餐饮住宿服务,不得开具航空运输电子客票行程单

续表

按增值税抵扣凭证分类（按取得方是否需要抵扣分类）	增值税普通发票：取得方通常不能抵扣进项。 特别提示：增值税普通发票取得方通常能抵扣进项的例外情形：如机动车销售统一发票、农产品销售发票、通行费发票、收费公路通行费增值税电子普通发票、国内旅客运输服务的增值税电子普通发票、航空运输电子客票行程单、铁路车票和公路、水路等其他客票可以作为抵扣增值税进项税额的凭证，除此之外的其他普通发票不能作为抵扣进项税额的凭证。（关注行业特征，业务零散且数量大）

【单选题】纳税人首次申领增值税专用发票，不需要办理的事项是(　　)。
A. 核定发票领用数量　　　　　　B. 领用并发行税控专用设备
C. 缴纳发票保证金　　　　　　　D. 核定最高开票限额

解析 在首次申请领用发票时，纳税人需在主管税务机关办理以下事项：发票票种核定、增值税专用发票最高开票限额审批、增值税税控系统专用设备初始发行、发票领用等。

【答案】C

【单选题】下列情形中应由付款方向收款方开具发票的是(　　)。
A. 超市向消费者个人零售商品　　B. 个体工商户向经销商批发商品
C. 个人向受让方转让技术成果　　D. 收购单位向农民收购自产农产品

解析 一般情况下，应由收款方向付款方开具发票。但存在下列情形，由付款方向收款方开具：收购单位和扣缴义务人支付个人款项时；国家税务总局认为其他需要由付款方向收款方开具发票的。

【答案】D

拓展

首次申领发票（谨慎）	最高开票限额审批：主管税务机关受理纳税人申请以后，根据需要进行实地查验。若一般纳税人申请增值税专用发票最高开票限额不超过10万元的，主管税务机关不需事前进行实地查验。 发票领用数量审批：首次申领增值税发票的新办纳税人办理发票票种核定，增值税专用发票最高开票限额不超过10万元，每月最高领用数量不超过25份；增值税普通发票最高开票限额不超过10万元，每月最高领用数量不超过50份
发生经营活动或者其他条件变化的	名称变更或纳税识别号变更：按规定重新办理发票领用涉税事项；纳税人识别号发生变化的，纳税人应到主管税务机关办理注销发行。 提高发票最高开票限额和增加发票领用数量： 按实际情况申请"增版""增量"。根据发票信用分类管理办法：纳税信用A级的纳税人可一次领取不超过3个月的发票用量；纳税信用B级的纳税人可一次领用不超过2个月的发票用量，以上两类纳税人生产经营情况发生变化需要调整发票用量的，按照规定及时办理

续表

发生经营活动或者其他条件变化的	小规模纳税人选择自行开具增值税专用发票： 应向税务机关申请其领用发票的票种增加增值税专用发票，同时确定增值税专用发票的最高开票限额和每月最高领用数量。 实行纳税辅导期管理的一般纳税人（"限额开票、限量控制"管理）： 每次发放专用发票数量<u>不得超过 25 份</u>；辅导纳税人领用的专用发票未使用完而再次领用的，主管税务机关发放专用发票的份数不得超过核定的每次领用专用发票份数与未使用完的专用发票份数的差额。 辅导期纳税人 1 个月内多次领用专用发票的，应从当月第二次领用专用发票起，按照上一次已领用并开具的专用发票销售额的3%预缴增值税 ["应交税费－应交增值税（已交税金）"]，未预缴增值税的，主管税务机关不得向其发放专用发票

【单选题】开具发票时无须在备注栏注明相关业务信息的是(　　)。
　　A. 出租不动产　　　B. 提供建筑服务　　C. 货物运输服务　　D. 销售代销货物

【解析】在开具发票时必须在备注栏注明的经营业务有：提供建筑劳务，销售不动产，出租不动产，单用途卡或多用途卡结算销售款，保险公司代收车船税，个人保险代理人汇总代开，货物运输服务等。

【答案】D

【多选题】属于"未发生销售行为的不征税项目"编码开具发票的情形有(　　)。
　　A. 以预收货款方式销售库存商品
　　B. 代理进口免税货物向委托方收取并代为支付的货款
　　C. 销售自行开发的不动产预收款
　　D. 单用途商业预付卡充值
　　E. ETC 预付费客户的充值行为

【解析】

收取款项未发生销售行为开具的发票的情形	收取款项未发生销售行为开具的发票主要有(<u>未到税收收入确认时点</u>)： (1) <u>预付卡销售和充值</u>。 (2) 销售自行开发的<u>房地产项目预收款</u>：房地产企业收取预收款时开具增值税普通发票。（进行房地产网签） (3) 通行费电子发票的不征税发票（左上角无"通行费"字样）： ① ETC 后付费客户和用户卡客户通过政府还贷性收费公路部分的通行费（属于政府不征税收入）； ② ETC 预付费客户选择在充值后索取发票的预付款。 (4) <u>建筑服务预收款</u>。

收取款项未发生销售行为开具的发票的情形	（5）不征税自来水。 （6）代理进口免税货物货款。 （7）代收印花税、代收车船税、融资性售后回租承租方出售资产、资产重组涉及的不动产、资产重组涉及的土地使用权和有奖发票奖金支付等未发生销售的行为，不征收增值税，开具增值税普通发票。 （8）已申报缴纳营业税未开票补开票（营业税不存在抵扣）

【答案】BCDE

【多选题】下列情形中，属于收到款项但没有发生销售行为开具发票的有(　　)。

A. 预付卡充值

B. 销售自行开发的房地产项目的预收款

C. 建筑服务的预收款

D. 销售货物的预收款

E. 出租房屋的预收房租

解析　"销售货物的预收款"，在预收货款时通常不开具发票，在货物实际发出时，再开具发票；出租房屋的预收房租，属于发生纳税义务的情形，应开具发票。

【答案】ABC

【单选题】下列关于机动车销售统一发票，说法错误的是(　　)。

A. 应在机动车发票开具模块开具

B. 需要按照"一车一票"原则开具

C. 机动车销售统一发票可以作为进项税额抵扣凭证

D. 可以在蓝字发票金额之内，开具多张红字专票

解析　开具纸质机动车销售统一发票后，如发生销货退回或开具有误的，销售方应开具红字发票，红字发票内容应与原蓝字发票一一对应，只能开具一张红字发票。

【答案】D

【单选题】增值税一般纳税人购进货物同时丢失已开具的增值税专用发票的发票联和抵扣联，其对应的增值税进项税额(　　)。

A. 由销售方的税务机关出具已缴纳税款凭证作为抵扣凭证

B. 可凭加盖销售方发票专用章的相应发票记账联复印件作为抵扣凭证

C. 由销售方重新开具增值税发票作为抵扣凭证

D. 可凭购进货物的运输凭证、付款凭证等相关资料作为抵扣凭证

🔍 **解析**

增值税专用发票或机动车销售统一发票丢失	纳税人同时丢失已开具增值税专用发票发票联和抵扣联：可凭加盖销售方发票专用章的相应发票记账联复印件，作为增值税进项税额的抵扣凭证、退税凭证或记账凭证。 纳税人丢失已开具增值税专用发票抵扣联：可凭相应发票的发票联复印件，作为增值税进项税额的抵扣凭证或退税凭证。 纳税人丢失已开具增值税专用发票发票联：可凭相应发票的抵扣联复印件，作为记账凭证

【答案】B

【单选题】纳税人已经申报抵扣进项税额的增值税发票，后改用于出口退税或代办退税时的处理方式，正确的是(　　)。

A. 应当向主管税务机关提出申请，由主管税务机关核实情况并调整用途

B. 已经申报抵扣的增值税发票，不得更改用途

C. 纳税人自行开具红字发票，冲减已抵扣的税款

D. 应当向上级税务机关提出申请，由上级税务机关核实情况并调整用途

🔍 **解析** 根据增值税管理相关规定，纳税人已经申报抵扣的发票，如改用于出口退税或代办退税，应当向主管税务机关、提出申请，由主管税务机关核实情况并调整用途。

【答案】A

【单选题】纳税人取得用于出口退税的增值税专用发票，在用途确认时误确认为申报抵扣，并已办理纳税申报。纳税人的处理方法是(　　)。

A. 向主管税务机关提出申请，由主管税务机关核实情况并调整用途，之后再向主管税务机关申报出口退税

B. 已申报抵扣进项税额，不得再改为用于出口退税

C. 不必再在增值税综合服务平台调整用途，可直接向主管税务机关申报出口退税

D. 换开增值税专用发票并用途确认为用于出口退税

🔍 **解析** 纳税人取得用于出口退税的增值税专用发票，在增值税综合服务平台误操作进行用途确认后，应向主管税务机关提出申请，由主管税务机关核实情况并调整用途后，再向主管税务机关申报出口退税。

【答案】A

【多选题】增值税一般纳税人善意取得虚开的增值税专用发票并申报抵扣进项税额的，下列处理不符合现行相关税收法律、法规的有(　　)。

A. 虽能重新取得合法、有效的增值税专用发票准予抵扣进项税额，仍应从抵扣之日起至重新取得增值税专用发票申报抵扣之日止按日加收滞纳金

B. 因不能抵扣而依法追缴的已抵扣税款，从抵扣之日起至追缴入库之日止按日加收滞

纳金

C. 因不能抵扣而依法追缴的已抵扣税款，不以偷税行为处以罚款

D. 能重新取得合法、有效的增值税专用发票，准予抵扣进项税额

E. 不能重新取得合法、有效的增值税专用发票，不准抵扣进项税额

🔍 **解析**

纳税人善意取得虚开的增值税专用发票处理	善意取得的前提：是指购货方与销售方存在真实交易，且购货方不知取得的增值税专用发票是以非法手段获得的。(真实+不知情) 处理方式(重新取得，可抵；不能取得，不抵)：如重新取得合法、有效的增值税专用发票，准许其抵扣进项税款；如不能重新取得合法、有效的增值税专用发票，不准抵扣进项税款或追缴已抵扣进项税款。 不属于善意取得的情形（购货方：知道或应当知道，均应按偷税或者骗取出口退税处理）：购货方取得的增值税专用发票所注明的销售方名称、印章与其进行实际交易的销售方不符的；取得的增值税专用发票为销售方所在省（自治区、直辖市和计划单列市）以外地区的；其他有证据表明购货方明知取得的增值税专用发票系销售方以非法手段获得的

【答案】AB

【简答题】甲乙丙企业均为增值税一般纳税人，2021年5月发生以下事项：

（1）乙企业从甲企业采购300000元的货物一批，从甲企业取得增值税专用发票上注明货物价款500000元，税额65000元。

（2）甲与丙未发生经济业务，甲企业向丙企业开具增值税专用发票，注明货物价款10000元，税额1300元。

要求：依次简要回答下列问题。

（1）甲企业向乙、丙企业开具增值税专用发票分别属于什么行为？

【答案】

① 甲企业向乙企业开具的增值税发票与实际经营业务不相符，属于虚开增值税专用发票的行为；

② 甲企业与丙企业没有发生直接购销关系，但向其开具发票，属于非法代开增值税专用发票的行为。

（2）如果甲企业未就其虚开金额申报缴纳增值税，甲企业应如何计算增值税？

【答案】纳税人虚开增值税专用发票，应按照其虚开金额补缴增值税。

甲企业应缴纳的增值税 = 65000 + 1300 = 66300元

（3）甲企业开具上述增值税专用发票的行为将会受到怎样的行政处罚？

【答案】根据增值税管理相关规定：虚开发票的，由税务机关没收违法所得。虚开金额在1万元以下的，可以并处5万元以下的罚款；虚开金额超过1万元的，并处5万元以上50

万元以下的罚款。构成犯罪的,依法追究刑事责任;非法代开发票的,依照虚开发票处罚。因此,应没收甲企业违法所得,并处 5 万元以上 50 万元以下的罚款。

(4) 如果乙、丙企业收到上述增值税专用发票并已申报抵扣,增值税应如何处理,将会受到怎样的行政处罚?

【答案】纳税人取得代开、虚开的增值税专用发票,不得作为增值税合法抵扣凭证抵扣进项税额。因此,乙、丙企业应将已经抵扣的进项税额进行转出处理,同时补缴少缴纳的增值税,并将依据相关规定按偷税进行处罚。

高频考点 · 纳税申报 ★★

【单选题】根据《信用管理办法》规定,纳税信用 A 级纳税人是指年度评价指标的得分在( )分以上。

A. 70　　　　B. 80　　　　C. 90　　　　D. 60

【解析】A 级纳税信用为年度评价指标得分 90 分以上的;B 级纳税信用为年度评价指标得分 70 分以上不满 90 分的;C 级纳税信用为年度评价指标得分 40 分以上不满 70 分的;D 级纳税信用为年度评价指标得分不满 40 分或者直接判级确定的。

【答案】C

【单选题】纳税人纳税信用等级年度评价指标得分 70 分以上不满 90 分的,纳税信用级别属于( )级。

A. A　　　　B. B　　　　C. M　　　　D. C

【解析】年度评价指标得分 70 分以上不满 90 分的,纳税信用等级为 B 级。

【答案】B

拓展

纳税信用评价方式	年度评价指标得分(综合评价)和直接判级方式。 (1) 直接判级方式:适用于有严重失信行为的纳税人。 (2) 年度评价指标得分方式:评价指标包括税务内部信息和外部评价信息。 年度评价指标得分采取扣分方式:纳税人近三个评价年度内存在非经常性指标信息的,从 100 分起评;近三个评价年度内没有非经常性指标信息的,从 90 分起评。 纳税信用级别设 A、B、M、C、D 五级: A (90分以上)、B (70~90)、M、C (40~70)、D (40分及以下直接判定为 D) (3) 下列企业适用 M 级纳税信用: ① 新设立企业。 ② 评价年度内无生产经营业务收入且年度评价指标得分 70 分以上企业

续表

补充评价	纳税人因涉嫌税收违法被立案查处尚未结案的； 被审计、财政部门依法查出税收违法行为，税务机关正在依法处理，尚未办结的；已申请税务行政复议、提起行政诉讼尚未结案的原因未参加当年评价的。 待上述情形解除或对当期未予评价有异议的，可填写《纳税信用补评申请表》，向主管税务机关申请补充评价；税务机关自受理申请之日起15个工作日内完成补评工作，并向纳税人反馈纳税信用评价信息或提供评价结果的自我查询服务
信用复评	纳税人对纳税信用评价结果有异议的，可在纳税信用评价结果确定的当年内，填写《纳税信用复评申请表》，向主管税务机关申请复评。 税务机关自受理申请之日起15个工作日内完成复评工作，并向纳税人反馈纳税信用复评信息或提供复评结果的自我查询服务

高频考点·税款征收方式★★

【单选题】税务机关在纳税评估时发现纳税人存在下列行为时，可以移交稽查部门处理的是（　　）。

A. 纳税人未按期办理税务登记变更手续
B. 纳税申报表填写错误或明显计算错误
C. 因特殊情况纳税人不能按时缴纳税款
D. 虚开增值税专用发票逃避纳税的

解析 税务机关发现纳税人有偷税、逃避追缴欠税、骗取出口退税、抗税或其他需要立案查处的税收违法行为嫌疑的，可以移交税务稽查部门处理。

【答案】D

拓展

由主管税务机关核定应纳税额	纳税人有下列情形之一的，税务机关有权核定其应纳税额（无法查账）： （1）依照法律、行政法规的规定可以不设置账簿的； （2）依照法律、行政法规的规定应当设置账簿但未设置的； （3）擅自销毁账簿或者拒不提供纳税资料的； （4）虽设置账簿，但账目混乱，成本资料、收入凭证、费用凭证残缺不全，难以查账； （5）发生纳税义务，未按照规定的期限办理纳税申报，责令限期申报，逾期仍不申报； （6）纳税人申报的计税依据明显偏低，又无正当理由的

【简答题】简述税款优先的原则。

【答案】税款优先的原则是：

（1）税务机关征收税款，税收优先于无担保债权，法律另有规定的除外；

（2）纳税人欠缴的税款发生在纳税人以其财产设定抵押、质押或者纳税人的财产被留置之前的，税收应当先于抵押权、质权、留置权执行；

（3）纳税人欠缴税款，同时又被行政机关决定处以罚款、没收违法所得的，税收优先于罚款、没收违法所得。

高频考点·税收征收的措施★★

【单选题】根据《中华人民共和国税收征收管理法》相关规定，税务部门实施税收保全措施一般情形应在(　　)个月后解除。

A. 1　　　　B. 3　　　　C. 6　　　　D. 9

【解析】依照《中华人民共和国税收征收管理法》规定，税务机关采取税收保全措施的期限一般不得超过6个月；重大案件需要延长的，应当报国家税务总局批准。

【答案】C

【单选题】下列属于税务机关税收保全措施的是(　　)。

A. 拍卖纳税人价值相当于应纳税款的商品
B. 查封纳税人的价值相当于应纳税款的商品、货物或其他财产
C. 书面通知纳税人开户行从其存款中扣缴税款
D. 通知出入境管理机关阻止纳税人出境

【解析】税收保全措施具体包括：税务机关书面通知银行、其他金融机构冻结存款；扣押、查封价值相当于应纳税款的商品、货物或其他财产等。

【答案】B

【单选题】税务机关采取税收保全措施须经(　　)批准。

A. 市稽查局局长　　　　B. 县以上税务局（分局）局长
C. 税务所所长　　　　　D. 省级税务局局长

【解析】税务机关责令纳税人提供纳税担保而纳税人拒绝提供纳税担保或无力提供纳税担保的，经县以上税务局（分局）局长批准，税务机关可以采取税收保全措施。

【答案】B

【单选题】下列被执行人的财产不能纳入税收保全措施范围的是(　　)。

A. 唯一的一辆机动车　　　　B. 别墅
C. 新购入价值4000元的实木家具　　D. 金银珠宝首饰

【解析】依照《中华人民共和国税收征收管理法》规定，税务机关对单价5000元以下的

其他生活用品，通常不采取税收保全措施和强制执行措施。

【答案】B

【多选题】下列属于税收保全的情形的有(　　)。
A. 查封纳税人的金额相当于应纳税款的商品
B. 扣押纳税人的金额相当于应纳税款的货物
C. 通知出入境管理机构，阻止纳税人出境
D. 书面通知纳税人开户银行冻结纳税人的金额相当于应纳税款的存款
E. 书面通知纳税人开户银行扣缴纳税人的金额相当于应纳税款的存款

【解析】选项C，属于阻止纳税人出境；选项E，"书面通知纳税人开户银行冻结纳税人的金额相当于应纳税款的存款"属于强制执行措施。

【答案】ABD

【简答题】2022年某市稽查局小肖发现，个体工商户甲存在转移财产逃避缴纳税款55万元的情形，在纳税申报缴纳之前，经主管税务所所长电话批准，直接扣押了纳税人50万元商品和0.35万元的电动自行车，并通过执法记录仪全程进行了依法摄像。
要求：依次简要回答下列问题。
(1) 该扣押行为属于什么税款征收措施？
【答案】扣押行为属于税收保全措施。
(2) 根据税收征收管理法相关规定，分析存在哪些不符合现行法律法规的行为。
【答案】根据税收征收管理法相关规定，不符合规定之处有：
① 税收保全要经县以上税务局局长批准；
② 税务机关扣押商品、货物或者其他财产时，必须开具书面清单；
② 单位价值5000元以下的生活用品（电动车仅0.35万元）不得采取保全措施。

📒 拓展

信息报告	(1) 纳税人有合并、分立情形的（税收债务的承继），应当向税务机关报告，并依法缴清税款。（通知） ① 纳税人合并时未缴清税款的，应当由合并后的纳税人继续履行未履行的纳税义务； ② 纳税人分立时未缴清税款的，分立后的纳税人对未履行的纳税义务应当承担连带责任。（内部约定无效，以最大金额承担对外责任） (2) 欠缴税款数额较大的纳税人在处分不动产或者大额资产以前，应向税务机关报告
代位权和撤销权	(1) 欠缴税款的纳税人因怠于行使到期债权，给国家税收造成损害的，税务机关依法申请人民法院行使代位权。（税务机关行使债权人的权利） (2) 欠缴税款的纳税人放弃到期债权，或者无偿转让财产，或者以明显不合理的低价转让财产而受让人知道该情形，给国家税收造成损害的，税务机关依法申请人民法院行使撤销权

> **高频考点·税务检查范围及检查程序方法★★**

【单选题】税务机关在纳税评估时发现纳税人的下列行为，需要移交稽查部门处理的是(　　)。

A. 纳税人因特殊情况不能按时缴纳税款
B. 纳税申报表填写错误或明显计算错误
C. 未按期办理税务登记变更手续
D. 虚开增值税专用发票逃避纳税的

解析　发现纳税人有偷税、逃避追缴欠税、骗取出口退税、抗税或其他需要立案查处的税收违法行为嫌疑的，要移交税务稽查部门处理。

【答案】D

【简答题】某网红主播注册成立个人工作室（注册形式为个人独资企业）并通过网络平台直播带货，税务机关发现该主播通过个人微信或银行账户收款，从未申报缴纳相关税费。

要求：依次简要回答下列问题。

(1) 上述行为少缴哪些税费？

【答案】少缴纳增值税及附加税、个人所得税。

(2) 这属于什么行为？

【答案】主播直播带货通过个人微信或银行账户收款，从未申报缴纳相关税费，属于逃避缴纳税款行为。

(3) 上述行为如何定性？

【答案】纳税人伪造、变造、隐匿、擅自销毁账簿、记账凭证，或在账簿上多列支出或者不列、少列收入，或者经税务机关通知申报而拒不申报或者进行虚假的纳税申报，不缴或者少缴税款，属于隐匿收入，逃避缴纳税款的行为。

(4) 针对上述行为税务机关如何追究法律责任？

【答案】对纳税人偷税（逃避缴纳税款）的，由税务机关追缴其不缴或者少缴的税款、滞纳金，并处不缴或者少缴的税款50%以上5倍以下的罚款；构成犯罪的，依法追究刑事责任。

拓展

检查权 （与税收相关）	(1) 检查纳税人的账簿、记账凭证、报表和有关资料，检查扣缴义务人代扣代缴、代收代缴税款账簿、记账凭证和有关资料。 经县以上税务局（分局）局长批准，可以将纳税人、扣缴义务人以前会计年度的账簿、记账凭证、报表和其他有关资料调回税务机关检查，但是税务机关必须开付清单，并在3个月内完整退还；有特殊情况的，经设区的市、自治州以上税务局局长批准，税务机关可以将纳税人、扣缴义务人当年的账簿、记账凭证、报表和其他有关资料调回检查，但是税务机关必须在30日内退还。

续表

检查权 （与税收相关）	（2）到纳税人的生产、经营场所和货物存放地检查纳税人应纳税的商品、货物或者其他财产，检查扣缴义务人与代扣代缴、代收代缴税款有关的经营情况。 （3）到车站、码头、机场、邮政企业及其分支机构检查纳税人托运、邮寄应纳税商品、货物或者其他财产的有关单据、凭证和有关资料。 （4）经县以上税务局（分局）局长批准，凭全国统一格式的检查存款账户许可证明，查询从事生产、经营的纳税人、扣缴义务人在银行或者其他金融机构的存款账户；并有责任为被检查人保守秘密

高频考点 · 税务机关的权利、义务及法律责任 ★

【单选题】下列追征税款权说法，正确的是（ ）。

A. 因税务机关的责任，致使纳税人、扣缴义务人未缴或者少缴税款的，税务机关在 3 年内追征税款不得加收滞纳金

B. 因税务机关的责任，致使纳税人、扣缴义务人未缴或者少缴税款的，税务机关在 5 年内追征税款并加收滞纳金

C. 因纳税人计算错误，导致未缴或者少缴税款的，税务机关可在 3 年内追征税款，但不加收滞纳金

D. 因税务机关责任导致纳税人少缴税款超过 5 万元的，税务机关可在 5 年内追征

解析 因税务机关的责任，致使纳税人、扣缴义务人未缴或者少缴税款的，税务机关在 3 年内可以要求纳税人、扣缴义务人补缴税款，但是不得加收滞纳金；因纳税人、扣缴义务人计算错误等失误，未缴或者少缴税款的，税务机关在 3 年内可以追征税款、滞纳金；有特殊情况的，追征期可以延长到 5 年；对偷税、抗税、骗税的，税务机关追征其未缴或者少缴的税款、滞纳金或者所骗取的税款，税务机关可以无限期追征。

【答案】 A

拓展 申请退还多缴税款权

（1）如纳税人自结算缴纳税款之日起 3 年内发现的，可以向税务机关要求退还多缴的税款并加算银行同期存款利息，税务机关将自接到纳税人退还申请之日起 30 日内查实并办理退还手续。

（2）对纳税人超过应纳税额缴纳的税款，税务机关发现后，将自发现之日起 10 日内办理退还手续。（不加算利息）

【多选题】纳税人在税收征管中享有的权利有（ ）。

A. 依法享受税收优惠 B. 申请延期缴纳税款权
C. 按时缴纳税款   D. 依法进行税务登记
E. 申请退还多缴税款权

解析 选项 C、D，属于纳税人应承担的义务。

【答案】 ABE

【单选题】 关于纳税人权利的说法中，正确的是（ ）。
A. 纳税人经核准延期申报的，在核准期限内无须办理税款入库手续
B. 纳税人的陈述或申辩应有理有据，税务机关对纳税人无理申辩可加重处罚
C. 纳税人认为税务机关的税务检查行为对其造成名誉损害，可要求税务行政赔偿
D. 税务机关进行税务检查时未出示税务检查证的，纳税人可拒绝接受检查

解析 选项 A，纳税人经核准延期办理申报、报送事项的，应当在税法规定的纳税期内按照上期实际缴纳的税额或者税务机关核定的税额预缴税款，并在核准的延期内办理税款结算。选项 B，纳税人对税务机关作出的决定，享有陈述权、申辩权；即使纳税人的陈述或申辩不充分合理，税务机关也不因纳税人的申辩而加重处罚。选项 C，当税务机关的职务违法行为给纳税人和其他税务当事人的合法权益造成侵害时，纳税人和其他税务当事人可以要求税务行政赔偿。

【答案】 D

【多选题】 税务机关在税收征收管理中可以行使的权利有（ ）。
A. 核定税款权　　　B. 税收保密权　　　C. 税收检查权　　　D. 处罚权
E. 税收行政法规的制定权

解析 税务机关权利包含：税收法律、行政法规的建议权、税收规章的制定权；税收管理权；税款征收权；批准税收减、免、退、延期缴纳税款权；税务检查权；处罚权，以及国家赋予的其他权利。

【答案】 ACD

第三章 涉税专业服务程序与方法、纳税申报代理服务

■ 考情分析

1. 重要程度：本章节属于本书最重要章节，分值为 80~90 分。考试中经常将教材第三章、第五章内容结合考查，因此本书将其合并编写，并进一步分为货物劳务税（增值税、消费税）部分、所得税（企业所得税、个人所得税）、其他税费（印花税、土地增值税、房产税、城镇土地使用税、契税、资源税、环境保护税以及社会保险费）3 部分内容。

2. 考查题型：结合近 5 年真题，单选题、多选题、简答题、综合题的形式均有可能出现。

■ 货物劳务税部分·考点分布

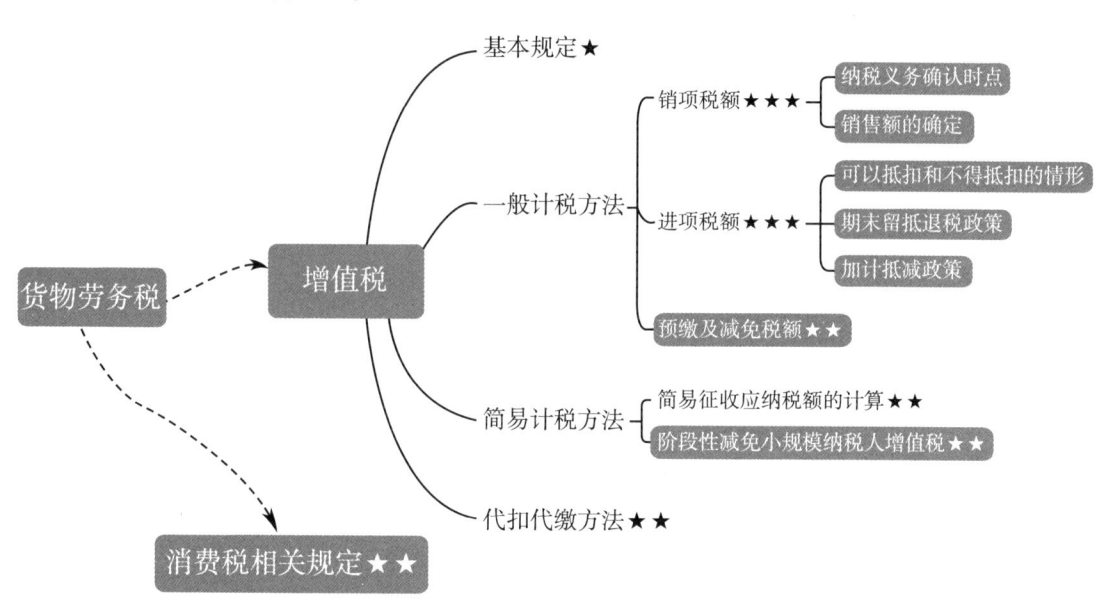

- 货物劳务税
  - 增值税
    - 基本规定★
    - 一般计税方法
      - 销项税额★★★
        - 纳税义务确认时点
        - 销售额的确定
      - 进项税额★★★
        - 可以抵扣和不得抵扣的情形
        - 期末留抵退税政策
        - 加计抵减政策
      - 预缴及减免税额★★
    - 简易计税方法
      - 简易征收应纳税额的计算★★
      - 阶段性减免小规模纳税人增值税★★
    - 代扣代缴方法★★
  - 消费税相关规定★★

》高频考点· 增值税基本规定★

【单选题】下列增值税一般纳税人中，适用以一个季度为纳税申报期的是（　　）。
A. 代理记账　　　B. 房地产开发企业　　C. 涉税服务机构　　D. 财务公司

解析　增值税纳税申报期限：1 日、3 日、5 日、10 日、15 日、1 个月或者 1 个季度；不能按照固定期限纳税的，可以按次。小规模纳税人、银行、财务公司、信托投资公司、信用社，以及财政部和国家税务总局规定的其他纳税人，通常以 1 个季度为纳税期限。

【答案】D

【多选题】下列关于增值税一般纳税人资格登记的说法，正确的有(　　)。
A. 航空运输企业总机构及其分支机构，一律登记为增值税一般纳税人
B. 年应税销售额未达到税法规定标准的，一律不予登记为增值税一般纳税人
C. 年应税销售额超过规定标准，除另有规定外，都应该向主管税务机关进行增值税一般纳税人登记
D. 纳税人一旦登记为小规模纳税人后，一律不得转为一般纳税人
E. 纳税人一旦登记为一般纳税人后，一律不得转为小规模纳税人

【解析】选项B，年应税销售额未达到税法规定标准的小规模纳税人，但是会计核算健全，能够提供准确税务资料的，可以向主管税务机关办理一般纳税人登记；选项D，小规模纳税人如果年销售额达到一般纳税人标准，通常需要登记为一般纳税人；选项E，纳税人登记为一般纳税人后，不得转为小规模纳税人，除国家税务总局另有规定外。

【答案】AC

拓展

不得认定为一般纳税人的情形	除个体工商户以外的其他个人（自然人）
转登记	通常一般纳税人不得转为小规模纳税人

【简答题】增值税一般纳税人资格登记，根据纳税人不同情况可以划分为必须登记、不能登记、可申请登记、可选择登记四种情况。

要求：请简述这四种情况分别适用的情形。

【答案】
（1）必须登记的情形：对于年应税销售额超过财政部、国家税务总局规定的小规模纳税人标准的，除非企业性单位、不经常发生应税行为的企业和个体工商户以外的其他个人外，必须登记为一般纳税人。

（2）不能登记的情形：年应税销售额超过规定标准的其他个人（自然人），不能登记为一般纳税人。

（3）可申请登记的情形：对于年应税销售额未超过财政部、国家税务总局规定的小规模纳税人标准以及新开业的纳税人，可以申请登记为一般纳税人。

（4）可选择登记的情形：不经常发生应税行为的非企业性单位、企业和个体工商户等纳税人，可以选择登记为一般纳税人。

高频考点 · 一般计税方法

（一）销项税额 ★★★

【多选题】甲商场系增值税一般纳税人，对个人用户推出"以旧换新"的方式销售空气净化器，下列处理不正确的有(　　)。

A. 以旧换新以收购价的10%计算进项税额
B. 以新净化器定价为依据计算销项税额
C. 收回旧净化器可比照收购废旧物品按13%计算进项税额
D. 以实际收到的金额为依据计算销项税额
E. 收回旧净化器不计算进项税额

解析 除金银首饰外,"以旧换新"方式销售货物按新货物同期销售价格确定销售额,不得扣减旧货物的收购价格;同时个人用户收回旧货物不能取得增值税专用发票,不允许抵扣相应进项税额。

【答案】ACD

拓展 销售额的确定(全部价款+价外费用)

价外费用		不属于价外费用的情形:(代收业务) (1)承运部门的运费发票开具给购买方(单独开具),并由纳税人将该项发票转交给购买方。 (2)销售货物的同时代办保险等而向购买方收取的保险费,以及向购买方收取的代购买方缴纳的车辆购置税、车辆牌照费。(不能开具在同一张发票上) (3)受托加工应征消费税的货物,由受托方代收代缴的消费税。 (4)航空运输企业的销售额,不包括代收的机场建设费和代售其他航空运输企业客票而代收转付的价款。 (5)符合条件的代为收取的政府性基金或者行政事业性收费。(具备条件:依法批准设立;收取时开具省级以上财政部门印制的财政票据;所收款项全额上缴财政) 特别提示:价外费用是否需要进行价税分离?考试中一般需要。 价外费用换算为不含税价格=价税合计的价外费用/(1+适用税率)
折扣与折让	商业折扣 (折扣销售)	折扣发生在销售之前,目的为促成销售。 销售额和折扣额在同一张发票(金额栏)上分别注明的,可按折扣后的余额作为销售额征收增值税;如果仅将折扣额在发票的"备注"栏注明或将折扣额另开发票的,不得从销售额中减除折扣额
	现金折扣 (销售折扣)	折扣发生在销售之后,目的为促成尽早回款。(融资行为) 销售折扣不得从销售额中减除,应计入"财务费用"
折扣与折让	销售折让	目的为促成销售,对金额进行折让。 可以从销售额中减除折让金额,通过开具红字增值税专用发票,将退货或折让金额冲减原销售额
以旧换新方式		除金银首饰外,纳税人采用以旧换新方式销售货物的,应按新货物的同期销售价格确定销售额,不得扣减旧货物的收购价格

	续表
以物易物	双方都应作购销处理。以各自发出的货物核算销售额并计算销项税额，以各自收到的货物核算购货额并按规定计算进项税额（视为购销两项业务）
还本销售方式	根据税法规定，<u>不得从销售额中减除还本支出</u>（销售与还本视为两项业务）
包装物押金	（1）未逾期的：如单独记账，时间在1年以内又未逾期的，不并入销售额。 （2）逾期以及视为逾期的：逾期未退还或<u>超过1年未退还的，并入销售额</u>。 特别提示：除啤酒、黄酒外的其他酒类产品，无论是否返还以及会计上如何核算，均应并入当期销售额征税（同时还涉及消费税）

【多选题】纳税人转让通过多次购买持有的金融商品，核算买入价时可选择( )。
A. 个别计价法　　　　B. 移动加权平均法　　　　C. 加权平均法
D. 后进先出法　　　　E. 先进先出法

解析　对于多次购买的金融商品可以选择加权平均法或移动加权平均法核算买入价。
【答案】BC

【简答题】酒店式公寓的经营者（增值税一般纳税人），以长（短）租形式出租酒店式公寓，有两种运作模式：第一种是出租酒店式公寓，并提供叫醒、房间保洁、安保等酒店式配套服务；第二种是出租酒店式公寓，不提供酒店式配套服务。

要求：依次简要回答下列问题。

（1）两种运作模式下，酒店式经营者取得的经营收入对应的增值税税率分别是多少？
【答案】
第一种运作模式，属于住宿服务，按6%的增值税税率；
第二种运作模式，属于出租不动产，适用9%的增值税税率。

（2）如果酒店式公寓产权为经营者所有时，两种运作模式下，经营者应缴纳房产税的计税依据和税率分别是多少？
【答案】
第一种运作模式，经营者以房产余值为计税依据，房产税税率为1.2%；
第二种运作模式，经营者以收取的不含税租金为计税依据，房产税税率为12%。

（3）如果酒店式公寓为经营者租入时，两种运作模式下，谁为酒店式公寓房产税的纳税人，同时房产税的计税依据是多少？
【答案】
公寓的产权所有人为房产税纳税人，同时以收取的不含税租金为计税依据计算缴纳房产税。

拓展 纳税义务发生时点的确定

第一顺位：增值税确定时点。

第二顺位：对外流转。

销售结算方式	纳税义务发生时间的确定
销售货物和劳务	
销售货物或者应税劳务	为收讫销售款项或者取得索取销售款项凭据的当天；先开具发票的，为开具发票的当天
直接收款方式	无论货物是否发出，均为收到销售款或者取得索取销售款凭证的当天
赊销和分期收款方式	书面合同约定的收款日期的当天，无书面合同的或者书面合同没有约定收款日期的，为货物发出的当天。特别提示：实务中，要关注在货物发出时未及时按规定缴纳增值税的情况等；有无将收到的货款长期挂入"其他应付款""预收账款""待处理财产损溢"等账户的问题
预收货款方式	货物发出的当天，但生产销售、生产工期超过12个月的大型机械设备、船舶、飞机等货物，为收到预收款或书面合同约定的收款日期的当天
委托代销方式（委托方）	收到代销单位的代销清单或者收到全部或者部分货款的当天。未收到代销清单及货款的，为发出代销货物满180天的当天（三者孰早）
提供租赁服务采取预收款方式	收到预收款的当天

（二）进项税额★★★

【多选题】增值税一般纳税人，购进的下列服务中进项税额通常可以从销项税额中抵扣的有（　　）。

A. 娱乐服务
B. 日常生活中的餐饮服务
C. 为个人办理的房屋贷款服务
D. 住宿服务
E. 货物运输服务

解析 购进的餐饮服务、居民日常服务和娱乐服务的进项税额，通常不得从销项税额中抵扣。

【答案】DE

【单选题】2018年5月16日甲食品厂支付含税价款10300元，从某小规模纳税人收购一批农产品（当期全部领用）用于生产13%税率的食品，并取得3%征收率的增值税专用发票，计算该批农产品可抵扣的进项税额的金额为（　　）元。

A. 900　　　　B. 1000　　　　C. 300　　　　D. 1339

🔍 **解析**　从小规模纳税人购入农产品，取得3%征收率专用发票的，按照发票注明的金额以9%的扣除率计算进项税额；取得免税发票的，不得抵扣其进项税额。如果用于生产13%税率的产品的可以按照10%抵扣进项税额（加计1%），因此可以抵扣的进项税额=10300/（1+3%）×10%=1000元。

【答案】B

📖 **拓展**

计算抵扣法的特殊情形：

（1）从农民购入：取得（或开具）农产品销售发票（或收购发票）的，以农产品销售发票（或收购发票）上注明的农产品买价，以9%的扣除率计算进项税额。（无须做价税分离，简便处理）

（2）从小规模纳税人购入：取得3%征收率专用发票的，按照发票注明的金额以9%的扣除率计算进项税额；取得免税发票的，不得抵扣其进项税额。（开3抵9）

特别提示：

（1）在领用农产品环节，如果农产品用于生产或者委托加工13%税率货物，则再加计1%抵扣进项税额；（减少销项和进项税率差）

（2）纳税人从批发、零售环节购进适用免征增值税政策的蔬菜、部分鲜活肉蛋而取得的普通发票，不得作为计算抵扣进项税额的凭证

【多选题】纳税人在取得异常增值税扣税凭证发生如下情况时，应作为转出进项税额并在增值税及附加税费申报表附列资料（二）第23a栏填入的有（　　）。

A. 纳税信用A级的纳税人已经申报抵扣增值税进项税额，经税务机关核实，可继续申报抵扣

B. 纳税信用A级的纳税人已经申报抵扣增值税进项税额，自接到税务机关通知之日起10个工作日内，向主管税务机关提出核实申请

C. 纳税信用A级的纳税人未在接到税务机关通知之日起10个工作日内，向主管税务机关提出核实申请

D. 纳税信用A级以外的纳税人已经申报抵扣增值税进项税额，自接到税务机关通知之日起10个工作日内，向主管税务机关提出核实申请

E. 纳税信用A级以外的纳税人尚未申报抵扣增值税进项税额的

🔍 **解析**　选项A，纳税信用A级的纳税人已经申报抵扣增值税进项税额，经税务机关核实，可继续申报抵扣的，不作进项税额转出处理，无须填报《增值税及附加税费申报表附列资料（二）》第23a栏；选项B，纳税信用A级的纳税人已经申报抵扣增值税进项税额，自接到税务机关通知之日起10个工作日内，向主管税务机关提出核实申请，在税务机关核实确认之前，可不作进项税额转出处理；选项E，纳税信用A级以外的纳税人尚未申报抵扣增值税进项税额的，暂不允许抵扣，尚未申报抵扣，无须作进项税额转出。

【答案】CD

【多选题】申请留抵税额退税的增值税一般纳税人，应自 2019 年 4 月 1 日起未享受过（　　）等相关政策。

A. 增值税即征即退政策

B. 增值税先征后返政策

C. 增值税免税政策

D. 增值税先征后退政策

E. 加计抵减政策

解析　自 2019 年 4 月 1 日起未享受即征即退、先征后返（退）政策的。符合条件的纳税人，可以向主管税务机关申请退还增量留抵税额。

【答案】 ABD

【单选题】税务机关核准可以准予退还的留抵税额，会计核算时应计入的借方科目是(　　)。

A. 应交税费——未交增值税

B. 应交税费——应交增值税（进项税额转出）

C. 应交税费——增值税留抵税额

D. 其他收益

解析

（1）纳税人在税务机关准予留抵退税时的会计处理：

借：应交税费——增值税留抵税额

　　贷：应交税费——应交增值税（进项税额转出）

（2）纳税人在实际收到留抵退税款项时的会计处理：

借：银行存款

　　贷：应交税费——增值税留抵税额

【答案】 C

【简答题】纳税人用于抵扣的进项税额应取得符合法律、法规有关规定的增值税扣税凭证；请列出 8 种符合法律、法规的增值税扣除凭证。

【答案】

符合法律、法规的增值税扣除凭证包括：纳税人取得的增值税专用发票（含增值税电子专用发票和带有"增值税专用发票"字样全面数字化的电子发票）、海关进口增值税专用缴款书、机动车销售统一发票、农产品收购发票或者销售发票、旅客运输的增值税电子普通发票、道路通行费电子发票（征税发票）、桥闸通行费发票、注明旅客身份信息的航空运输电子客票行程单、注明旅客身份信息的铁路客票、注明旅客身份信息的公路水路等其他客票等。

拓展　不得抵扣进项税额的情形（原因：票有问题、没有销项、最终消费。处理：没有申报抵扣不得抵扣，已申报抵扣进项税额转出）

用于简易计税方法计税项目、免征增值税项目、集体福利或者个人消费的购进货物、劳务、服务、无形资产和不动产，进项税额不得从销项税额中抵扣	购进货物、劳务、服务、无形资产和不动产用于集体福利或者个人消费，进项税额不得从销项税额中抵扣，如果进项税额已申报抵扣，应作"进项税额转出"。（最终消费） 特别提示：纳税人的交际应酬消费属于个人消费；将自产、委托加工的货物用于集体福利或者个人消费，应视同销售计算增值税销项税额。 涉及的固定资产、无形资产、不动产，仅指专用于上述项目时进项税额才不得从销项税额中抵扣；如果兼用于简易计税方法计税项目、免征增值税项目、集体福利或者个人消费，允许全额抵扣进项税额
用于简易计税方法计税项目、免征增值税项目、集体福利或者个人消费的购进货物、劳务、服务、无形资产和不动产，进项税额不得从销项税额中抵扣	自2018年1月1日起，纳税人租入固定资产、不动产，既用于一般计税方法计税项目，又用于简易计税方法计税项目、免征增值税项目、集体福利或者个人消费的，其进项税额准予从销项税额中全额抵扣。 增值税一般纳税人购进其他权益性无形资产，只要取得合规的抵扣凭证可申报全额抵扣进项税额；当期销项税额不足以抵扣的，可作为留抵税额下期继续抵扣
非正常损失的购进货物，以及相关的劳务和交通运输服务；在产品、产成品所耗用的购进货物（不包括固定资产）、劳务和交通运输服务；不动产以及该不动产所耗用的购进货物、设计服务和建筑服务；不动产在建工程（新建、改建、扩建、修缮、装饰）所耗用的购进货物、设计服务和建筑服务；进项税额不得从销项税额中抵扣，如果进项税额已申报抵扣，应作"进项税额转出"	非正常损失是指因管理不善造成货物被盗、丢失、霉烂变质，以及因违反法律法规造成货物或者不动产被依法没收、销毁、拆除的情形 自然灾害的损失、合理损耗不属于非正常损失，进项税额允许抵扣无须作进项税额转出。 特别提示：无法确定该项进项税额的，按其实际成本乘以适用的税率计算应扣减的进项税额。 其中：实际成本＝进价＋运费＋保险费＋其他有关费用
购进的餐饮服务、居民日常服务和娱乐服务（最终消费），进项税额不得从销项税额中抵扣	住宿费产生的进项税额允许抵扣

【简答题】甲货运公司属于增值税一般纳税人，主营业务为货物运输和仓储，仓储业务企业选择简易计税方法。

（1）2023年8月租入一幢房产作为公司行政办公楼，年租金为65.4万元。于当日支付一年的租金，取得增值税专用发票，金额60万元，税额5.4万元。

（2）为使该房产满足办公要求，采取自行采购材料，委托装修公司对该房产进行改建，改建所采购的材料于2023年9月结算，取得的增值税专用发票载明金额58万元，税额7.54万元。

（3）2023年10月支付装修公司建筑服务费，取得的增值税专票载明金额10万元，税额0.3万元。

假定取得的增值税专用发票都按规定认证相符，公司货物运输业务和仓储业务的销售额比例为8:2。

要求：依次简要回答下列问题。

（1）2023年8月支付租金的进项税额是否可以抵扣？金额为多少？

【答案】

支付的租金取得增值税专用发票上注明的进项税额5.4万元可以全额抵扣。

（2）2023年9月采购的用于改建材料的进项税额是否可以抵扣？金额为多少？

【答案】

购进材料用于办公楼改建，取得的增值税专用发票可以抵扣进项税额。改建购进材料可以抵扣的进项税额为7.54万元。

（3）2023年10月支付建筑服务的进项税额是否可以抵扣？金额为多少？

【答案】

自2018年1月1日起，纳税人租入固定资产、不动产，既用于一般计税方法计税项目，又用于简易计税方法计税项目、免征增值税项目、集体福利或者个人消费的，其进项税额准予从销项税额中全额抵扣。

因此，取得建筑服务增值税专用发票，可以全额抵扣进项税额，金额为0.3万元。

【简答题】甲公司为增值税一般纳税人，2024年10月财务部门收到的部分单据如下表所示。

序号	票据类型	票面总额 金额	票面总额 税额	票面总额 价税合计	票据张数	报销人	备注
1	收费公路通行费增值税电子普通发票	600	18	618	1	司机孙某	人事部科员出差
2	过闸通行费发票	3150		3150	1	销售人员王某	运输公司货物
3	境内飞机行程单	3370		3370	2	人力资源部副部长周某	外地出差，票面注明周某身份信息，每张票价1605元，民航发展基金（机场建设费）50元，燃油附加费30元
4	火车票	5200		5200	10	运营部李某等5人	外地培训的往返车票（票面注明乘车人身份信息），单程车票520元/人，5人中3人为公司员工，1人为劳务公司派遣员工，1人为外部培训机构讲师

31

要求：分别计算以上报销事项中可以抵扣的进项税额并写出相应会计分录。

【答案】

业务一，取得收费公路通行费电子普通发票可以抵扣的进项税额为18元；

业务二，过闸通行费发票可以抵扣的进项税额=3150/（1+5%）×5%=150元；

业务三，境内飞机行程单可以计算抵扣的进项税额=（1605+30）×2/（1+9%）×9%=270元；

业务四，外部培训机构讲师不属于本企业员工，不能抵扣进项税额；高铁票可以计算抵扣的进项税额=520×2×4/（1+9%）×9%=343.49元。

业务一会计分录：

借：管理费用　　　　　　　　　　　　　　　　　　　600
　　应交税费——应交增值税（进项税额）　　　　　　 18
　　贷：银行存款　　　　　　　　　　　　　　　　　618

业务二会计分录：

借：销售费用　　　　　　　　　　　　　　　　　　3000
　　应交税费——应交增值税（进项税额）　　　　　 150
　　贷：银行存款　　　　　　　　　　　　　　　　3150

业务三会计分录：

借：管理费用　　　　　　　　　　　　　　　　　　3100
　　应交税费——应交增值税（进项税额）　　　　　 270
　　贷：银行存款　　　　　　　　　　　　　　　　3370

业务四会计分录：

借：管理费用　　　　　　　　　　　　　　　　　4856.51
　　应交税费——应交增值税（进项税额）　　　　 343.49
　　贷：银行存款　　　　　　　　　　　　　　　　5200

【简答题】甲公司2021年申报享受了增值税留抵退税政策和小型微利企业所得税优惠政策，现就2022年4月起小微企业和6个重点行业按月计划退还增值税增量留抵税额和一次性退还存量留抵退税政策内容（简称留抵退税新政）向税务师进行了咨询。

要求：依次简要回答下列问题。

（1）留抵退税新政中，对纳税人的信用等级以及申请退税前多长时间未发生骗取留抵退税、虚开增值税专用发票违法行为的具体要求？上述要求与2022年4月之前的留抵退税政策要求是否一致？

【答案】

纳税信用等级为A级或者B级；要求申请退税前36个月未发生骗取留抵退税、虚开增值税专用发票的违法行为；上述要求与2022年4月之前的留抵退税政策的要求一致。

（2）留抵退税新政的小微企业标准与企业所得税优惠政策中的小型微利企业标准是否相同？

【答案】

不相同。

其中,留抵退税新政的小微企业标准为:按照《中小企业划型标准规定》(工信部联企业〔2011〕300号)和《金融业企业划型标准规定》(银发〔2015〕309号)中的营业收入指标、资产总额指标确定。对于工信部联企业〔2011〕300号和银发〔2015〕309号文件所列行业以外的纳税人,以及工信部联企业〔2011〕300号文件所列行业但未采用营业收入指标或资产总额指标划型确定的纳税人,微型企业标准为增值税销售额(年)100万元以下(不含100万元);小型企业标准为增值税销售额(年)2000万元以下(不含2000万元)。

小型微利企业标准为:从事国家非限制和禁止行业,且同时符合年度应纳税所得额不超过300万元、从业人数不超过300人、资产总额不超过5000万元等条件的企业。

(3)判断纳税人身份属于6个重点行业,是按照其从事制造业等6个行业业务相应发生的增值税销售额合计占全部增值税销售额的比重是否超过50%判定的,在确定增值税销售额时,适用增值税差额纳税政策的应以差额前还是差额后的销售额确定?

【答案】适用增值税差额纳税政策的,以差额后的销售额确定。

(4)假定甲公司申请退税前连续12个月的全部销售额为1050万元,6个行业中的制造业销售额合计367.5万元,交通运输业销售额合计315万元,甲公司是否可以作为6个重点行业企业享受留抵退税新政策?

【答案】

可以享受。

如果一个纳税人从事上述多项业务,以相关业务增值税销售额加总计算销售额占比,从而确定是否属于制造业等行业纳税人。

销售额比例 =(367.5 + 315)/1050 × 100% = 65% > 50%

(5)假定甲公司既有出口货物(适用免抵退办法)的业务,在同一申报期内是否可以既申请免抵退税又申请办理留抵退税。

【答案】

可以。

出口货物适用免抵退税办法的,先办理免抵退,免抵退税办理完毕后,仍符合条件的,可以申请退还留抵税额。

(6)留抵退税新政策规定小微企业如何划分和确定?若考虑资产总额指标,资产总额指标如何确定?

【答案】

小型企业和微型企业,按照《中小企业划型标准规定》(工信部联企业〔2011〕300号)和《金融业企业划型标准规定》(银发〔2015〕309号)中的营业收入指标、资产总额指标确定。

其中,营业收入指标:对于工信部联企业〔2011〕300号和银发〔2015〕309号文件所列行业以外的纳税人,以及工信部联企业〔2011〕300号文件所列行业但未采用营业收入指标或资产总额指标划型确定的纳税人,微型企业标准为增值税销售额(年)100万元以下

（不含100万元）；小型企业标准为增值税销售额（年）2000万元以下（不含2000万元）。

资产总额指标：按照纳税人上一会计年度年末值确定。

【简答题】甲企业属于先进制造业企业，2023年有关增值税的事项如下：

(1) 该企业简易计税销售额为80万元（不含税价），征收率为3%。

(2) 一般计税的销项税额为120万，进项税额为107万，该企业出口货物对应的进项税额为7万元。

(3) 上期留抵税额为10万元，上期可结转加计抵减余额为6万元，当期免抵退申报已获税务机关审核确认额0。

要求：根据上述资料依次回答以下问题。

(1) 请说明2023年该先进制造业企业可以享受加计抵减的扣除比例。

【答案】

2023年该先进制造业企业可以享受加计抵减的扣除比例为5%。

(2) 甲企业出口货物对应的进项税额是否可以享受加计抵减政策？

【答案】

先进制造业企业出口货物劳务、发生跨境应税行为不适用加计抵减政策，其对应的进项税额不得计提加计抵减额。

(3) 计算甲企业当月新增的加计抵减额。

【答案】

新增的加计抵减额 =（107 - 7）× 5% = 5万元

(4) 计算甲企业本期实际可以抵扣的增值税加计抵减额及结转下期抵扣的增值税加计抵减额。

【答案】

本期可抵扣的进项税额 = 107 + 10 = 117万元

抵减前的增值税应纳税额 = 120 - 117 = 3万元

本期可以抵减的加计抵减额 = 5 + 6 = 11万元

由于抵减前的应纳税额3万元 < 本期加计抵减额11万元，因此实际抵减3万元，剩余8万元结转下期继续抵减。

(5) 计算甲企业本期应该缴纳的增值税。

【答案】

一般计税方法下应缴纳增值税为0；简易计税方法下应该缴纳的增值税 = 80 × 3% = 2.4万元；因此，甲企业本期应缴纳的增值税 = 2.4万元。

高频考点·预缴及减免税额 ★★

【多选题】纳税人发生下列行为需要预缴增值税的有（　　）。

A. 销售品牌游戏机预售收到的款项
B. A 市张某收到位于 B 市的一居室租金
C. A 市建筑施工单位在外省 B 市提供建筑服务收到工程进度款
D. 甲施工单位提供建筑服务预收工程款
E. 乙房地产开发商收到楼盘预售款

解析 纳税人跨县（市、区）提供建筑服务、在异地销售或出租不动产，应在纳税义务发生时，在建筑服务发生地或者不动产所在地预缴增值税，纳税人预缴的增值税，在机构所在地纳税申报时，按规定抵减应纳增值税额；房地产开发企业以预收款方式销售自行开发的房地产项目和以预收款方式提供建筑服务，应在收到预收款时按照规定预缴增值税。

【答案】 CDE

拓展 需要预缴增值税的四种情形（涉及不动产：修、卖、租。特点：金额大、可跨地）

业务范围	需要预缴的情形
提供建筑服务（修）	纳税人跨县（市、区）提供建筑服务或提供建筑服务收到预收款时
房地产开发企业销售开发产品（卖）	纳税人收到预收款时
销售不动产（卖）	纳税人转让其取得的不动产，向不动产所在地主管税务局预缴税款
不动产经营租赁（租）	不动产所在地与机构所在地不在同一县（市、区）的，纳税人向不动产所在地主管税务局预缴

【多选题】 关于房地产开发企业销售自行开发的房地产项目，下列说法正确的有（　　）。

A. 房地产企业取得土地使用权支付的契税允许在计算销售额时扣除
B. 房地产开发企业中的一般纳税人销售自行开发的房地产项目，适用一般计税方法计税，按照取得的全部价款和价外费用，扣除当期销售房地产项目对应的土地价款后的余额计算销售额
C. 一般纳税人销售自行开发的房地产老项目，可以选择适用简易计税方法按照5%的征收率计税
D. 房地产开发企业按预收款方式销售其自行开发的房地产项目，在收取预收款时，应开具增值税普通发票
E. 房地产开发企业采取预收款方式销售所开发的房地产项目，在收到预收款时按照5%的预征率预缴增值税

解析 选项 A，房地产企业取得土地使用权支付的契税不允许在计算销售额时扣除；选项 E，房地产开发企业采取预收款方式销售所开发的房地产项目，在收到预收款时按照3%的预征率预缴增值税。

【答案】 BCD

拓展 预缴税额的总结

（1）一般企业（方法：按计税方法价税分离，再乘以预征率）

计税方法	预征率		
	修（建筑服务，可扣分包）	租（租赁服务）	卖（转让，不区分计税方法，只区分自建、非自建）
	2%	3%	5%
一般计税方式	（全部价款+价外费用-支付的分包款）/（1+9%）×2%	全部价款和价外费用/（1+9%）×3%	自建：预缴税款=全部价款和价外费用/（1+5%）×5%
简易计税模式	3%	5%	非自建：（全部价款和价外费用-不动产购置原价或者取得不动产时的作价）/（1+5%）×5%
	（全部价款+价外费用-支付的分包款）/（1+3%）×3%	全部价款和价外费用/（1+5%）×5%	

（2）房地产开发企业销售自行开发的房地产项目预缴增值税

预征率：均为3%	一般计税方法	预收款/（1+9%）×3%
	简易计税方法	预收款/（1+5%）×3%

高频考点 · 简易计税方法

（一）简易征收应纳税额的计算 ★★

【单选题】小规模纳税人的下列应税行为适用3%征收率的是（　　）。
A. 跨县（市、区）提供建筑服务　　B. 销售自建的不动产
C. 提供劳务派遣服务并选择差额计税方法　　D. 出租其取得的不动产

解析　选项B、C、D，适用5%的征收率。
【答案】A

【单选题】小规模纳税人发生的下列行为，可以选择5%征收率差额计税的是（　　）。
A. 小规模纳税人销售自建的不动产　　B. 小规模纳税人提供旅游服务
C. 小规模纳税人提供建筑服务　　D. 小规模纳税人提供劳务派遣服务

解析　小规模纳税人提供劳务派遣服务，可以选择差额纳税，以取得的全部价款和价外费用，扣除代用工单位支付给劳务派遣员工的工资、福利和为其办理社会保险及住房公积金后的余额为销售额，按照5%的征收率计算缴纳增值税；小规模纳税人销售自建的不动产不

能差额纳税；小规模纳税人提供旅游服务，选择差额纳税，适用3%的征收率；小规模纳税人提供建筑服务，差额纳税，适用3%的征收率。

【答案】D

【单选题】小规模纳税人不适用差额征税的情形是(　　)。
A. 出租不动产　　　　　　　　　B. 劳务派遣
C. 金融商品转让　　　　　　　　D. 将购买的房屋销售

解析　小规模纳税人出租不动产，应全额纳税。

【答案】A

拓展

销售自己使用过的固定资产	基本规定：一般纳税人销售自己使用过的固定资产（有形动产），适用简易办法依照3%征收率减按2%征收增值税政策的（只能开具增值税普通发票）；可以放弃减税，按照简易办法依照3%征收率缴纳增值税，并可以开具增值税专用发票。 特别提示：若按规定允许抵扣进项税额，则销售使用过的固定资产，均按照适用税率计算当期销项税额。 计算应纳税额： 不含税销售额＝含税销售额/（1＋3%） 应纳税额＝不含税销售额×2%（或3%） 特别提示：2027年12月31日前，从事二手车经销的纳税人销售其收购的二手车，由原按照简易办法依3%征收率减按2%征收增值税改为减按0.5%征收增值税。（鼓励二手车行业） 计算应纳税额： 销售额＝含税销售额/（1＋0.5%） 应纳税额＝销售额×0.5% 自2022年10月1日起，对已备案汽车销售企业从自然人处购进二手车的，允许企业反向开具二手车销售统一发票并凭此办理转移登记手续

（二）阶段性减免小规模纳税人增值税★★

【简答题】甲公司为增值税小规模纳税人，按季度申报缴纳增值税。2023年4—6月销售业务取得款项及相关支出情况为：

（1）销售货物实现收入10万元；

（2）提供建筑服务收款30万元，同时向其他建筑企业支付分包款18万元；

（3）将公司门面房出售收款330万元，该门面房购置原价180万元，已累计计提折旧60万元。假定该公司2023年4—6月所有销售业务均开具增值税普通发票，以上均为含税收入。

要求：请依次回答下列问题。

（1）2023年1月1日至2027年12月31日，现行规定小规模纳税人享受免征增值税的销售额标准是多少？

【答案】

自2023年1月1日至2027年12月31日，小规模纳税人发生应税销售行为，合计月销售额未超过10万元（按季纳税，季度销售额未超过30万元），免征增值税。

（2）依据上述标准判定小规模纳税人免征增值税销售额口径是多少？

【答案】

小规模纳税人发生增值税应税销售行为，合计月销售额超过10万元（季度销售额超过30万元），但扣除本期发生的销售不动产的销售额后未超过10万元（季度30万元）的，其销售货物、劳务、服务、无形资产取得的销售额免征增值税。

适用增值税差额征税政策的小规模纳税人，以差额后的销售额确定是否可以享受该项免征增值税政策。

该企业销售货物不含税销售额＝10/（1＋1%）＝9.90万元

提供建筑服务差额后的销售额＝（30－18）/（1＋1%）＝11.88万元

销售门面房差额后的销售额＝（330－180）/（1＋5%）＝142.86万元

该公司2023年第二季度差额后合计销售额＝9.90＋11.88＋142.86＝164.64万元，超过30万元，但是扣除销售不动产的销售额，差额后的销售额＝9.90＋11.88＝21.78万元，未超过30万元，可以享受小规模纳税人免税政策；销售不动产业务应依法纳税。

（3）计算销售门面房应缴纳的增值税。

【答案】

销售门面房应缴纳的增值税＝（330－180）/1.05×5%＝7.14万元

（4）若企业2023年4—6月销售货物收款为50万元，其他条件不变，第二季度是否符合免征增值税条件？若不符合，该企业第二季度如何计征增值税。

【答案】

该企业销售货物不含税销售额＝50/（1＋1%）＝49.5万元，超过30万，不符合免税的条件。但自2023年1月1日至2027年12月31日，增值税小规模纳税人适用3%征收率的应税销售收入，减按1%征收率征收增值税。第二季度，销售货物与建筑服务减按1%计征增值税，不动产业务仍然按5%的征收率纳税。

【简答题】小王登记成为个体工商户（小规模纳税人），其经营业务均适用3%征收率，2024年度选择按月缴纳增值税。4月、5月、6月取得的不含税销售额分别是40000元、110000元、130000元。其中6月有一笔业务开具了一张金额为50000元，税额1500元的增值税专用发票，该发票无法追回。

要求：请依次回答下列问题。

（1）计算各月应缴纳增值税是多少？

【答案】

4月应缴纳增值税＝0

5月应缴纳增值税＝110000×1%＝1100元

6月应缴纳增值税＝（130000－50000）×1%＋1500＝2300元

(2) 如果选择按季度缴纳增值税,计算第二季度应缴纳的增值税的金额。

【答案】

2024年第二季度不含税销售额合计280000元（40000+110000+130000），小于季度300000元，除开具的增值税专用发票以外的销售额，其他金额可享受小规模纳税人免征增值税税收优惠。

因此,2024年第二季度应缴纳增值税=1500元。

(3) 由于按月和按季度缴纳增值税存在差异,是否可以在第三季度开始选择按季度缴纳增值税？请简述理由。

【答案】

不可以。

理由：按固定期限纳税的小规模纳税人可以选择以1个月或1个季度为纳税期限,一经选择,一个会计年度内不得变更。

(4) 如果小王的经营业务销售额超过了免征增值税标准,改为享受减免增值税优惠政策,开具的增值税发票税率（征收率）是多少,是否可以开具增值税专用发票？

【答案】

可以。

小规模纳税人取得应税销售收入,适用规定的减按1%征收率征收增值税政策的,应按照1%征收率开具增值税发票；享受减按1%征收率征收增值税的,可以开具1%征收率的增值税专用发票。

拓展　适用3%征收率应税销售收入免征增值税的填写

(1) 增值税小规模纳税人发生增值税应税销售行为,当合计月销售额未超过10万元（以1个季度为1个纳税期时,季度销售额未超过30万元）的,免征增值税的销售额等项目应当填写在《增值税及附加税费申报表（小规模纳税人适用）》"小微企业免税销售额"或者"未达起征点销售额"相关栏次。

增值税及附加税费申报表（小规模纳税人适用）

	（四）免税销售额	填制情形
一、计税依据	其中：小微企业免税销售额	月销售额未超过10万元（以1个季度为1个纳税期时,季度销售额未超过30万元）时
	未达起征点销售额	

(2) 减按1%征收率征收增值税的销售额应填写在《增值税及附加税费申报表（小规模纳税人适用）》"应征增值税不含税销售额（3%征收率）"相应栏次,对应减征的增值税应纳税额按销售额的2%计算填写在《增值税及附加税费申报表（小规模纳税人适用）》"本期应纳税额减征额"及《增值税减免税申报明细表》减税项目相应栏次。

拓展　发票开具的规定

(1) 小规模纳税人取得应税销售收入,减按1%征收率征收增值税的,应按照1%征收率开具增值税发票。

(2) 小规模纳税人取得应税销售收入,适用免征增值税政策的,纳税人可就该笔销售收入选择放弃免税并开具增值税专用发票。

（3）小规模纳税人取得应税销售收入，纳税义务发生时间在 2022 年 12 月 31 日前并已开具增值税发票，如发生销售折让、中止或者退回等情形需要开具红字发票，应开具对应征收率红字发票或免税红字发票；开票有误需要重新开具的，应开具对应征收率红字发票或免税红字发票，再重新开具正确的蓝字发票。

高频考点·代扣代缴方法★★

【简答题】甲企业为增值税一般纳税人，2023 年 3 月 1 日向美国乙公司租赁其在北京市闲置的办公楼作为经营用房，合同约定租期 2 年（没有免租期），年租金含税金额 185.3 万元，甲企业已于 2023 年 3 月 1 日一次支付了一整年租金。假设该美国公司未在中国境内设立机构场所，也没有境内代理管理人，该办公楼为"营改增"后新建成的项目，不考虑其他因素。

要求：

（1）请问美国乙公司出租办公楼增值税的纳税义务发生时间以及增值税税款缴纳方法，并简述相关政策。

（2）计算增值税纳税金额并简述甲公司申报抵扣进项税额的方法。

【答案】

（1）出租办公楼增值税纳税义务发生时间为 2023 年 3 月 1 日。根据税法相关规定，租赁服务采取预收款方式的，其纳税义务发生时间为收到预收款的当天；同时应以甲公司为扣缴义务人代扣代缴增值税，境外单位或者个人在境内销售服务、无形资产或者不动产，在境内未设有经营机构的，以购买方为增值税扣缴义务人，财政部和国家税务总局另有规定的除外。

（2）应代扣代缴增值税金额 = 185.3 /（1 + 9%）× 9% = 15.3 万元，甲公司申报抵扣进项税额时应提供代扣代缴增值税后税务机关或扣缴义务人出具的解缴税款的完税凭证以及具备书面合同、付款证明和境外单位的对账单或者发票。

【综合题】甲商场为增值税一般纳税人，2023 年发生以下经济业务：

资料 1：收到客户以前年度拖欠货款 339 万元，另收取资金占用费 10 万元，会计处理如下：

借：银行存款　　　　　　　　　　　　　　　　　　　　　　3490000
　　贷：应收账款　　　　　　　　　　　　　　　　　　　　3390000
　　　　财务费用　　　　　　　　　　　　　　　　　　　　100000

资料 2：转让持有的可转换债券，取得转让收入 81.8 万元，购进时成本为 79 万元。

借：银行存款　　　　　　　　　　　　　　　　　　　　　　818000
　　贷：交易性金融资产——成本　　　　　　　　　　　　　790000
　　　　投资收益　　　　　　　　　　　　　　　　　　　　28000

资料 3：将办公楼外墙面租赁给广告公司发布户外广告，收取价款 8 万元。

借：银行存款 80000
　　贷：其他业务收入 75471.7
　　　　应交税费——应交增值税（销项税额） 4528.3

资料4：将部分办公场所改造成职工健身房，发生改造支出取得增值税专用发票注明金额30万元，税额2.7万元。该办公场所入账原值200万元，已抵扣增值税20万元，改造时已计提折旧80万元，会计处理如下：

开始改造时：
借：在建工程——健身房 1500000
　　累计折旧——仓库 800000
　　应交税费——应交增值税（进项税额） 27000
　　贷：银行存款 327000
　　　　固定资产——仓库 2000000

改造完成后：
借：固定资产——健身房 1500000
　　贷：在建工程——健身房 1500000

资料5：购进接待用车一辆取得机动车销售统一发票注明金额50万元、6.5万元，用于接送大客户。

借：固定资产——接待用车辆 500000
　　应交税费——应交增值税（进项税额） 65000
　　贷：银行存款 565000

资料6：向农场购进土豆，取得免税农产品的增值税普通发票，注明金额18万元；从小规模纳税人购进水果，取得增值税专用发票注明金额20万元，税额0.6万元，土豆和水果均用于对外零售，会计处理如下：

借：库存商品 363800
　　应交税费——应交增值税（进项税额） 22200
　　贷：银行存款 386000

资料7：对购买会员的顾客在购买商品时给予会员折扣，会员费按年一次收取，分月结转收入。全年收取会员费合计80万元，结转收入合计60万元。会计处理如下：

（1）收取会员费
借：银行存款 800000
　　贷：合同负债 800000

（2）结转收入
借：合同负债 600000
　　贷：主营业务收入 566037.74
　　　　应交税费——应交增值税（销项税额） 33962.26

资料8：购物节活动期间除农产品外全场促销折扣销售货物（均适用税率13%），累计销售货物300万元（原价），给予顾客折扣金额30万元，对索取发票的消费者开具发票时按规定注明销售额和折扣额，会计处理如下：

借：银行存款   2700000
　　贷：主营业务收入   2389380.53
　　　　应交税费——应交增值税（销项税额）   310619.47

资料9：购进商品取得供应商返利5万元，收取时向供应商开具收据，会计处理如下：
借：银行存款   50000
　　贷：其他应收款   50000

要求：根据上述资料依次回答以下问题（金额单位为元，计算结果保留两位小数）。

（1）分析资料1，判断该业务的增值税处理是否正确？如有错误，请说明理由并计算应调整的增值税额。

【答案】

增值税处理错误。

延期付款利息应作为价外费用，计算缴纳增值税。因此，少计增值税 = 100000/1.13 × 13% = 11504.42元。

（2）分析资料2，判断该业务的增值税处理是否正确？如有错误，请说明理由并计算应调整的增值税额。

【答案】

增值税处理错误。

转让可转换债券属于金融商品转让，需要计算缴纳增值税。因此，少计增值税 = (818000 - 790000)/(1 + 6%) × 6% = 1584.91元。

（3）分析资料3，判断该业务的增值税处理是否正确？如有错误，请说明理由并计算应调整的增值税额。

【答案】

增值税处理错误。

办公楼外墙面租赁给广告公司发布广告属于不动产租赁业务，因此，少计增值税 = 80000/(1 + 9%) × 9% - 4528.30 = 2077.20元。

（4）分析资料4，判断该业务的增值税处理是否正确？如有错误，请说明理由并计算应调整的增值税额。

【答案】

增值税处理错误。

已抵扣进项税额的不动产转用于集体福利项目，进项税额不得抵扣，应按净值率计算进项税额转出的金额。因此，少计增值税 200000 × (2000000 - 800000)/2000000 = 120000元。

（5）分析资料5，判断该业务的增值税处理是否正确？如有错误，请说明理由并计算应调整的增值税额。

【答案】

增值税处理正确。

（6）分析资料6，判断该业务的增值税处理是否正确？如有错误，请说明理由并计算应调整的增值税额。

【答案】

增值税处理错误。

从小规模纳税人处购入农产品取得征收率为3%的增值税专用发票，可按9%计算抵扣进项税额。因此，多计增值税＝180000×9%＋200000×9%－22200＝12000元。

（7）分析资料7，判断该业务的增值税处理是否正确？如有错误，请说明理由并计算应调整的增值税额。

【答案】

增值税处理错误。

收取的会员费收入应缴纳增值税，纳税义务发生时间为收讫销售款或取得销售款项凭据的当天，应按80万元计算销项税额。因此，少计增值税＝800000/（1＋6%）×6%－33962.26＝11320.76元。

▇ 拓展　企业所得税规定，会员期内不再付费就可得到各种服务或商品，或低于非会员的价格销售商品或提供服务的，其会员费应在整个受益期内分期确认收入。

（8）分析资料8，判断该业务的增值税处理是否正确？如有错误，请说明理由并计算应调整的增值税额。

【答案】

增值税处理正确。

（9）分析资料9，判断该业务的增值税处理是否正确？如有错误，请说明理由并计算应调整的增值税额。

【答案】

增值税处理错误。

收取的与商品销售量、销售额挂钩的各种返利收入，按照平销返利进行处理，应冲减当期增值税进项税额。因此，少计增值税＝50000/（1＋13%）×13%＝5752.21元。

【综合题】某酒业股份公司为增值税一般纳税人（位于市区），2024年10月份发生经济业务如下：

（1）从农业生产者手中购进其自产高粱100吨，总价款300000元，支付某运输企业（一般纳税人）不含税运费4200元，开具农产品收购发票，并取得货物运输增值税专用发票。

（2）本月将上述购入的高粱生产为粮食酒精，支付辅料等其他成本合计160000元，取得增值税普通发票。

（3）委托某一般纳税人运输企业将上述粮食酒精直接运输到位于县城一家酒厂加工成散装白酒，支付不含税运费32500元，取得增值税专用发票；月底将委托加工的散装白酒收回，合计60吨。取得增值税专用发票，注明加工费59000元，加工厂依法代收代缴消费税213925元。本月将上述90%粮食酒精用于连续生产成瓶装白酒；剩余10%加价直接销售，不含税售价80000元。

（4）销售该批瓶装白酒1500箱，含税单价每箱585元，另收取品牌使用费18000元。

(5) 销售自产散装白酒 13 吨，不含税单价每吨 6880 元，收取包装物押金 15540 元，约定 3 个月后押金退还。

(6) 用自产散装白酒 15 吨，等价换取生产设备一批（不含税价款）103200 元，同时双方互开增值税专用发票；自产散装白酒同类平均不含税售价每吨 6880 元，同类最高不含税售价每吨 7000 元。

(7) 本月进口两台机械设备自用，支付给国外设备商买价为 630000 元，支付到达我国海关前的装卸费、运输费 60000 元，保险费 20000 元，支付进口关税 71000 元。

(8) 购进酒精调香剂一批，合同注明不含税价款 350000 元，分两次付清货款，对方一次性全额开具专用发票；本期支付电费取得专用发票，注明价款为 180000 元，本期支付水费取得增值税专用发票，注明税款 13800 元，经核算，本期职工浴室耗用水电为总电量和水量的 1/5。

(9) 本月因管理不善，购进的原材料部分发生霉烂变质，账面价款为 96300 元（含运费成本 9300 元，当时由一般纳税人负责运输，并且都已经取得合法抵扣凭证并抵扣了进项税额）。

（已知：上述瓶装白酒每箱规格为 500 克×12 瓶；白酒的从价消费税税率 20%，从量定额消费税为 0.5 元/500 克）

要求：根据上述资料依次回答以下问题。

(1) 计算本月发生的销项税额。

【答案】

本月销项税额 = 80000×13% +（1500×585 + 18000）/（1 + 13%）×13% +
　　　　　　　[13×6880×13% + 15540/（1 + 13%）×13%] + 103200×13%
　　　　　　 = 10400 + 103022.12 + 11627.2 + 1787.79 + 13416 = 140253.11 元

(2) 假设采用投入产出法核定农产品进项税额扣除，计算当月农产品可以抵扣的进项税额。

已知：一吨高粱可生产 0.6 吨白酒；期初库存上期购进的免税农产品数量为 40 吨，平均买价为 2800 元/吨，成本合计 112000 元，本期全部领用。

【答案】

当期农产品耗用数量 =（1500×12×500/1000000 + 60×10% + 13 + 15）/0.6 = 71.67 吨

农产品期末平均买价 =（112000 + 300000）/（40 + 100）= 2942.86 元

当期允许抵扣农产品增值税进项税额 = 71.67×2942.86×13%/（1 + 13%）= 24264.53 元

(3) 计算进口设备应缴纳的增值税。

【答案】

进口设备应缴纳的增值税 =（630000 + 60000 + 20000 + 71000）×13% = 101530 元

(4) 计算因原材料霉烂变质应作的进项税转出额。

【答案】

进项税转出额 =（96300 - 9300）×13% + 9300×9% = 12147 元

（5）计算本月实际准予抵扣的进项税额。

【答案】

实际准予抵扣的进项税额 = 24264.53 + 4200 × 9% + 32500 × 9% + 59000 × 13% + 103200 × 13% + 101530 + 350000 × 13% + 180000 × 13% × 4/5 + 13800 × 4/5 - 12147 = 213296.53 元

（6）计算本月应向税务机关缴纳的增值税。

【答案】

本月应纳增值税 = 140253.11 - 213296.53 = -73043.42 元，应纳增值税额小于 0，所以本月应向税务机关缴纳的增值税为 0。

（7）计算该本月应向税务机关缴纳的消费税。

【答案】

业务 3：（80000 × 20% + 60 × 10% × 2000 × 0.5）- 213925 × 10% = 607.50 元

业务 4：（1500 × 585 + 18000）/（1 + 13%）× 20% + 1500 × 12 × 1 × 0.5 = 167495.58 元

业务 5：13 × 6880 × 20% + 13 × 2000 × 0.5 + 15540/（1 + 13%）× 20% = 33638.44 元

业务 6：7000 × 15 × 20% + 15 × 2000 × 0.5 = 36000 元

本月应向税务机关缴纳的消费税 = 607.50 + 167495.58 + 33638.44 + 36000 = 237741.52 元

（8）计算本月应向税务机关缴纳的城建税和教育费附加。

【答案】

本月应向税务机关缴纳的城建税和教育费附加 = 237741.52 × （7% + 3%）= 23774.15 元

【综合题】A 公司为增值税一般纳税人，2024 年发生相关业务如下：

（1）甲公司为 A 公司的供应商，A 公司所购进货物已经全部销售完毕，但是甲公司无法及时开票，合同约定：先支付 60% 的货款，等开发票的时候支付 40% 的货款。

（2）A 公司购进境外乙公司商品，销售给购货方，商品相关销售数量及价格都由乙公司决定，当购货方销售商品达到一定数量后，乙公司按一定比例给购货方支付返利，返利由 A 公司代为支付，相关金额从 A 公司应支付给乙公司的货款中扣除。

（3）以前年度计提了一部分滞销库存商品的预计损失，并按照存货账面价值的 20% 预提了存货跌价准备，并已经做了应纳税所得额的调增。该批存货在 2023 年 5 月过期，已做损失处理。

（4）通过网络直播带货方式销售货物，按销售额的 20% 支付手续费，收到对方开具的专用发票。

要求：根据上述资料依次回答以下问题。

1. 业务（1）中，支付甲公司的货款，简述 A 企业在预缴企业所得税和汇算清缴的处理。

【答案】

企业预缴企业所得税，可以按实际发生的成本费用扣除，未取得发票，可暂按账面发生金额进行核算扣除；但在企业所得税汇算清缴时，需要取得发票才能扣除，未取得发票，不得扣除。

2. 业务（2）中，简述 A 公司支付返利时的会计处理？A 公司从支付给乙公司的货款中扣除的相关金额是否需要做进项税额转出处理。

【答案】

对基于客户采购情况等给予的现金返利，企业应当按照可变对价原则进行会计处理，冲减当期销售收入。

纳税人从海关取得的海关进口增值税专用缴款书上注明的增值税额准予从销项税额中抵扣。因此，纳税人进口货物报关后，境外供货商向国内进口方退还或返还的资金，或进口货物向境外实际支付的货款低于进口报关价格的差额，不做进项税额转出处理。

3. 业务（2）中，A 公司销售货物给购货方时，如果已经开具了增值税专用发票，支付返利需要取得什么凭证。

【答案】

A 公司自行开具增值税红字专用发票进行冲销。

4. 业务（3）中，过期损失的存货相关的进项税额是否需要做转出处理？

【答案】

过期损失的存货，不属于管理不善造成的非正常损失，无须做进项税额转出处理。

5. 业务（3）中，计提的存货跌价准备是否可以在税前扣除。

【答案】

按税法规定，计提的准备金不可以在税前扣除。

6. 业务（3）中，实际发生损失的时候，应做纳税调整的金额是多少？

【答案】

实际损失年度，该项差额进行纳税调减。

7. 业务（3）中，简述发生损失的存货进行税前扣除的税务处理流程？

【答案】

企业向税务机关申报扣除资产损失，仅需填报企业所得税年度纳税申报表《资产损失税前扣除及纳税调整明细表》，不再报送资产损失相关资料，相关资料由企业留存备查。

8. 业务（4）中，收到直播带货的专用发票是否能全额抵扣进项税额，企业所得税前是否能全额扣除？

【答案】

收到直播带货的专用发票可以凭专用发票上注明的税额全额抵扣进项税额。

一般企业的佣金支出，按与具有合法经营资格的中介服务机构或个人所签订服务协议或合同确认的收入金额的 5% 计算限额，不超过规定比例计算限额以内的部分，准予扣除，因此，企业所得税前不得全额扣除。

【综合题】东辰股份有限公司位于甲省 A 市，系增值税一般纳税人，主要从事房地产开发、建筑施工、安装工程、设备租赁等综合业务。2024 年 8 月有关增值税相关情况如下：

（1）2024 年 6 月将其在甲省 B 市自行开发的楼盘对外宣传并开始收取诚意金，到 8 月末取得诚意金 1000 万元。

2024年8月房屋取得预售许可证,预售房屋,当月原有的诚意金1000万转作业主购房的首付款;另外,又收取了含税金额10000万元的首付款。

该楼盘于2016年1月动工,东辰公司对其选择了简易计税方法。该楼盘尚未交房。

(2)承接的位于乙省的某建筑项目当月竣工结算,收取含税工程款6180万元,开具增值税普通发票,款项尚未收到。发生分包支出价税合计金额1236万元。该项目全部设备、材料、动力由工程发包方自行采购。东辰公司选择按简易计税办法核算。同时东辰公司在当地已按规定履行了相关纳税义务。

(3)承接的位于甲省C市的某建筑项目当月办理竣工结算,该项目选择一般计税方法计税。收取含税工程款6600万元,开具增值税专用发票,款已收到,发生分包支出价税合计金额1986.6万元,取得增值税专用发票。

(4)将2020年6月购入的一处仓库改造为员工浴池,取得该仓库时增值税专用发票上注明价款100万元、进项税额为9万元,假定每月的折旧额为0.4万元。

(5)8月16日转让其位于D市于2016年1月购入的写字楼一层对外出售,取得价税合计金额1030万元。该办公楼购置价款为618万元,保留有合法有效凭证。甲公司选择按简易计税方法纳税。

(6)将其已经使用了15年的办公楼(账面原值为1000万元)进行装饰修缮,将上月购进的一批原采购生产用材料改变用途用于装饰工程,该批材料在购进时已取得增值税专用发票,票面注明价款为600万元,增值税额78万元,公司已经认证并进行了进项税额抵扣。

(7)支付甲省A市建筑项目与劳务派遣公司结算的劳务派遣服务费100万元,分别取得增值税专用发票和普通发票各一份,其中增值税专用发票载明:金额5万元,税额0.25万元。

(8)将营改增前购进的建筑周转材料出租,预收含税租金4.2万元,开具公司自制的收款收据,款项已收到,选择简易计税方法。

(9)当月采购建筑工程材料取得增值税专用发票,并为相关施工项目领用情况如下表所示。

工程项目地点	材料种类	发票种类	不含税金额	税额
甲省C市	钢材、板材等	专用发票	600万元	78万元
	砂石、混凝土等	专用发票	200万元	6万元

(10)上月留抵税额为8万元。

其他情况:当期开具的增值税发票都已按规定进行报税;取得的增值税专用发票都已登录本省增值税发票选择确认平台,查询、选择、确认用于申报抵扣或者出口退税的增值税发票信息认证。

要求:根据上述资料依次回答以下问题。

1. 根据资料(1)说明收到诚意金时是否发生了增值税纳税义务,是否需要预缴增值税;收到首付款时是否发生增值税纳税义务,是否需要预缴增值税,并计算预缴增值税金额。

【答案】

(1)收到诚意金时,未发生增值税纳税义务,也不属于预收款范畴。

(2) 收到首付款属于收到预收款，需要预缴增值税。

一般纳税人采取预收款方式销售自行开发的房地产项目，应在收到预收款时按照3%的预征率预缴增值税。房地产开发企业中的一般纳税人销售营改增之前的老项目，选择简易计税的方法计税的，应该以取得的全部价款和价外费用为销售额，按照5%的征收率，3%的预征率预缴增值税。

应预缴增值税＝（10000＋1000）／（1＋5%）×3%×10000＝3142857.14元

2. 根据资料（2），计算预缴增值税金额。

【答案】

一般纳税人跨地级市提供建筑服务，选择适用简易计税方法计税的，以取得的全部价款和价外费用扣除支付的分包款后的余额，按照3%的征收率计算应预缴税款。

预缴增值税＝（6180－1236）／（1＋3%）×3%×10000＝1440000元

3. 根据资料（3），计算预缴增值税金额。

【答案】

一般纳税人跨地级市提供建筑服务，适用一般计税方法计税的，以取得的全部价款和价外费用扣除支付的分包款后的余额，按照2%的预征率计算应预缴税款。

预缴增值税＝（6600－1986.6）／（1＋9%）×2%×10000＝846495.41元

4. 根据上述资料计算当月预缴增值税。

【答案】

资料（1）应预缴增值税＝（1000＋10000）／（1＋3%）×3%×10000＝3142857.14元
资料（2）应预缴增值税＝（6180－1236）／（1＋3%）×3%×10000＝1440000元
资料（3）应预缴增值税＝（6600－1986.6）／（1＋9%）×2%×10000＝846495.41元
合计，应预缴增值税金额＝3142857.14＋1440000＋846495.41＝5429352.55元。

5. 根据上述资料计算当月增值税销项税额、进项税额、进项税额转出金额。

【答案】

当月增值税销项税额＝6600/1.09×9%［业务（3）］×10000＝5449541.28元
当月增值税进项税额＝{1986.6/1.09×9%［业务（3）］＋0.25［业务（7）］＋（78＋6）［业务（9）］}×10000＝2482811.93元
当月增值税进项税额转出＝90000×（1000000－0.4×26×10000）/1000000＝80640元［业务（4）］

6. 根据上述资料计算当月应纳增值税额及实际应缴纳增值税额。

【答案】

简易计税方法应纳增值税＝(6180－1236)／（1＋3%）×3%×10000［业务（2）］＋
　　　　　　　　　　　　（1030－618）／（1＋5%）×5%×10000［业务（5）］＋
　　　　　　　　　　　　4.2/（1＋3%）×3%×10000［业务（8）］
　　　　　　　　　　　＝1440000＋196190.48＋1223.3
　　　　　　　　　　　＝1637413.78元

应纳增值税 = 5449541.28 - (2482811.93 - 80640) - 80000上月留抵税额［业务10］+ 1637413.78

简易计税 = 4604783.13元

实际应缴纳增值税 = 4604783.13 - (1440000 + 846495.41 + 196190.48)预缴税款
　　　　　　　　= 2122097.24元

7. 根据上述资料填列下表中字母对应的金额。

增值税及附加税费申报表（一般纳税人适用）

项目		栏次	一般项目	
			本月数	本年累计
税款计算	销项税额	11	A	
	进项税额	12	B	
	上期留抵税额	13	C	
	进项税额转出	14	D	
	免、抵、退应退税额	15		
	按适用税率计算的纳税检查应补缴税额	16		
税款计算	应抵扣税额合计	17 = 12 + 13 - 14 - 15 + 16	E	
	实际抵扣税额	18（如17 < 11，则为17，否则为11）	F	
	应纳税额	19 = 11 - 18	G	
	简易计税办法计算的应纳税额	21	H	
税款计算	按简易计税办法计算的纳税检查应补缴税额	22		
	应纳税额减征额	23		
	应纳税额合计	24 = 19 + 21 - 23	I	
税款缴纳	期初未缴税额（多缴为负数）	25		
	实收出口开具专用缴款书退税额	26		
	本期已缴税额	27 = 28 + 29 + 30 + 31	J	
	①分次预缴税额	28	K	
	②出口开具专用缴款书预缴税额	29		
	③本期缴纳上期应纳税额	30		
税款缴纳	④本期缴纳欠缴税额	31		
	期末未缴税额（多缴为负数）	32 = 24 + 25 + 26 - 27	L	
	其中：欠缴税额（≥0）	33 = 25 + 26 - 27		
	本期应补（退）税额	34 = 24 - 28 - 29	M	

【答案】

增值税及附加税费申报表（一般纳税人适用）

项目		栏次	一般项目	
			本月数	本年累计
税款计算	销项税额	11	5449541.28 （业务3：6600/1.09×9%×10000）	
	进项税额	12	2482811.93 [业务3：1986.6/1.09× 9%+业务7：0.25+ 业务9：(78+6)×10000]	
	上期留抵税额	13	80000（业务10）	
	进项税额转出	14	80640 [业务4：90000× (1000000-0.4×26×10000)/1000000]	
	免、抵、退应退税额	15		
	按适用税率计算的纳税检查应补缴税额	16		
税款计算	应抵扣税额合计	17=12+13-14-15+16	2482171.93 (2482811.93+80000-80640)	
	实际抵扣税额	18（如17<11，则为17，否则为11）	2482171.93	
	应纳税额	19=11-18	2967369.35 (5449541.28-2482171.93)	
	简易计税办法计算的应纳税额	21	1637413.78 [业务2：(6180-1236)/1.03× 3%×10000+业务5： (1030-618)/1.05×5%×10000+ 业务8：4.2/1.03×3%×10000]	
税款计算	按简易计税办法计算的纳税检查应补缴税额	22		
	应纳税额减征额	23		
	应纳税额合计	24=19+21-23	4604783.13（2967369.35+1637413.78）	
税款缴纳	期初未缴税额（多缴为负数）	25		
	实收出口开具专用缴款书退税额	26		
	本期已缴税额	27=28+29+30+31	2482685.89	

续表

项目		栏次	一般项目	
			本月数	本年累计
税款缴纳	① 分次预缴税额	28	2482685.89（业务 2：1440000 + 业务 3：846495.41 + 业务 5：196190.48，注意：已到达纳税义务发生时点才能扣除其预缴金额）	
	② 出口开具专用缴款书预缴税额	29		
	③ 本期缴纳上期应纳税额	30		
	④ 本期缴纳欠缴税额	31		
	期末未缴税额（多缴为负数）	32 = 24 + 25 + 26 - 27	2122097.24（4604783.13 - 2482685.89）	
税款缴纳	其中：欠缴税额（≥0）	33 = 25 + 26 - 27		
	本期应补（退）税额	34 = 24 - 28 - 29	2122097.24	

【综合题】甲食品饮料有限公司，系增值税一般纳税人，实行农产品增值税进项税额计算抵扣办法。

1. 2023 年 8 月"应交税费——应交增值税"数据：销项税额 122200 元；进项税额 33215 元；进项税额转出 3900 元，转出未交增值税 92885 元。

2. 相关业务情况：

（1）与某商场结算 7 月份代销清单，开具增值税专用发票并收取货款。

账务处理：

借：银行存款　　　　　　　　　　　　　　　　　　　　　101700

　　贷：主营业务收入　　　　　　　　　　　　　　　　　　　　90000

　　　　应交税费——应交增值税（销项税额）　　　　　　　　　11700

后附原始凭证：

① 代销清单 1 份，价税合计收入 113000 元，商场代销手续费 11300 元，实收 101700 元。

② 增值税专用发票记账联 1 份，金额为 90000 元，税额为 11700 元。

③ 银行进账单 1 份，金额为 101700 元。

（2）购置临街商铺 1 间，取得增值税专用发票。

账务处理：

借：固定资产——商铺　　　　　　　　　　　　　　　　　1030000

　　应交税费——应交增值税（进项税额）　　　　　　　　　　10000

　　　　贷：银行存款　　　　　　　　　　　　　　　　　　　　1040000
　　后附原始凭证：
　　①增值税专用发票的发票联1份，金额为1000000元，税率为＊＊＊，税额为10000元，备注栏注明"差额征税"。
　　②契税完税凭证1份，金额为30000元。
　　③银行付款凭证2份，金额分别为1010000元和30000元。
　　（3）向林场购进自产水果，取得增值税普通发票。
　　账务处理：
　　借：原材料——水果　　　　　　　　　　　　　　　　　　108000
　　　　应交税费——应交增值税（进项税额）　　　　　　　　 12000
　　　　贷：银行存款　　　　　　　　　　　　　　　　　　　　120000
　　后附原始凭证：
　　①增值税普通发票的发票联1份，数量为25吨，金额为120000元，税率为免税，税额为＊＊。
　　②银行付款凭证回执1份，金额为120000元。
　　③入库单1份，入库水果25吨。
　　已知水果库存期初余额0吨，入库25吨，生产领用20吨。
　　（4）包装物因塑化剂超标被市场监督部门没收。
　　账务处理：
　　借：营业外支出　　　　　　　　　　　　　　　　　　　　 33900
　　　　贷：周转材料——包装物　　　　　　　　　　　　　　　 30000
　　　　　　应交税费——应交增值税（进项税额转出）　　　　　 3900
　　后附原始凭证：
　　①市场监督管理部门出具的处理决定书1份。
　　②市场监督管理部门出具的没收清单1份，饮料包装瓶1批，金额30000元。
　　上述包装物于2023年2月购入，取得增值税专用发票，金额为30000元，税额为3900元。进项税额已于购入当月申报抵扣。
　　（5）销售人员报销差旅费
　　账务处理：
　　借：销售费用　　　　　　　　　　　　　　　　　　　　　 16645
　　　　应交税费——应交增值税（进项税额）　　　　　　　　　 1335
　　　　贷：库存现金　　　　　　　　　　　　　　　　　　　　 17980
　　后附原始凭证：
　　①住宿费增值税专用发票若干份，合计金额8000元，税额480元。
　　②注明本公司销售人员信息的国内航空运输电子客票行程单若干份，合计金额7000元。
　　③注明本公司销售人员信息的国内公路客票若干份，合计金额2500元。
　　（6）企业购进其他原材料，均取得增值税专用发票，合计金额76000元，税额9880元。

假设当月取得的增值税专用发票均已通过增值税发票综合服务平台确认用途。

要求：根据上述资料依次回答以下问题。

（1）根据上述资料，对不符合现行增值税政策的处理逐项指出错误之处。

【答案】

错误之处：

① 代销手续费直接冲抵代销收入不符合规定，导致少确认销项税额。

② 购入不动产取得增值税专用发票，应在备注栏注明不动产的详细地址，由于扣税凭证存在问题，不得抵扣进项税额。

③ 水果进项税额计算抵扣错误，购入时不得加计抵扣1%扣除，要生产领用时可以加扣1%。

④ 差旅费进项税额抵扣金额计算错误。

（2）分别计算确认该公司2023年8月的销项税额、进项税额、进项税额转出及应纳增值税额。

【答案】

销项税额 = 122200 – 11700 + 113000/（1 + 13%）×13% = 123500 元

进项税额 = 33215 – 12000 – 1335 + 120000×9% + 120000/25×20×1% + 480 + 7000/（1 + 9%）×9% + 2500/（1 + 3%）×3% = 32770.8 元

进项税额转出 = 10000 + 3900 = 13900 元

应纳增值税 = 123500 –（32770.8 – 13900）= 104629.2 元

（3）根据以上资料，请填写该公司2023年8月的《增值税及附加税费申报表附列资料（二）》。

《增值税及附加税费申报表附列资料（二）》　　　　　　单位：元

一、申报抵扣的进项税额

项目	栏次	税额
（一）认证相符的增值税专用发票	1	
其中：本期认证相符且本期申报抵扣	2	
前期认证相符且本期申报抵扣	3	
（二）其他扣税凭证	4	
其中：海关进口增值税专用缴款书	5	
农产品收购发票或者销售发票	6	
代扣代缴税收缴款凭证	7	
加计扣除农产品进项税额	8a	
其他	8b	
（三）本期用于购建不动产的扣税凭证	9	
（四）本期用于抵扣的旅客运输服务扣税凭证	10	

续表

一、申报抵扣的进项税额

项目	栏次	税额
（五）外贸企业进项税额抵扣证明	11	
当期申报抵扣进项税额合计	12	

二、进项税额转出额

栏目	栏次	税额
本期进项税额转出额	13	
其中：免税项目用	14	
集体福利、个人消费	15	
非正常损失	16	
简易计税方法征税项目用	17	
免抵退税办法不得抵扣的进项税额	18	
纳税检查调减进项税额	19	
红字专用发票信息表注明的进项税额	20	
上期留抵税额抵减欠税	21	
上期留抵税额退税	22	
异常凭证转出进项税额	23a	
其他应作进项税额转出的情形	23b	

【答案】

《增值税及附加税费申报表附列资料（二）》　　　　　　单位：元

一、申报抵扣的进项税额

项目	栏次	税额
（一）认证相符的增值税专用发票	1	20360
其中：本期认证相符且本期申报抵扣	2	20360（10000+480+9880）
前期认证相符且本期申报抵扣	3	
（二）其他扣税凭证	4	12410.8
其中：海关进口增值税专用缴款书	5	
农产品收购发票或者销售发票	6	10800（120000×9%）
代扣代缴税收缴款凭证	7	
加计扣除农产品进项税额	8a	960
其他	8b	650.8
（三）本期用于购建不动产的扣税凭证	9	10000
（四）本期用于抵扣的旅客运输服务扣税凭证	10	650.8
（五）外贸企业进项税额抵扣证明	11	

续表

一、申报抵扣的进项税额		
项目	栏次	税额
当期申报抵扣进项税额合计	12	32770.8
二、进项税额转出额		
栏目	栏次	税额
本期进项税额转出额	13	13900
其中：免税项目用	14	
集体福利、个人消费	15	
非正常损失	16	3900
简易计税方法征税项目用	17	
免抵退税办法不得抵扣的进项税额	18	
纳税检查调减进项税额	19	
红字专用发票信息表注明的进项税额	20	
上期留抵税额抵减欠税	21	
上期留抵税额退税	22	
异常凭证转出进项税额	23a	
其他应作进项税额转出的情形	23b	10000

【综合题】甲汽车销售4S店为增值税一般纳税人，主要业务为整车销售、配件销售、维修、信息服务等，2023年有关涉税资料如下。

（1）实现主营业务收入11700万元。其中，汽车及配件销售收入10200万元，修理业务收入1500万元。

会计处理为：

借：银行存款　　　　　　　　　　　　　　　　　　　　　13221

　　贷：主营业务收入——汽车及配件　　　　　　　　　　10200

　　　　主营业务收入——修理　　　　　　　　　　　　　1500

　　　　应交税费——应交增值税（销项税额）　　　　　　1521

（2）其他业务收入科目贷方金额合计576.3万元。明细账反映企业当年的其他业务收入——仓储服务费，共计576.3万元，摘要为收取汽车生产厂家仓储服务费。按照与汽车生产厂家进货协议，当年销售品牌车辆达到规定标准允许按一定销售品牌数量向汽车生产厂家收取1.02万元/辆的仓储服务费。当年企业累计销售品牌汽车565辆向汽车生产厂家开具收款收据，收取仓储服务费576.3万元。

会计处理为：

借：银行存款　　　　　　　　　　　　　　　　　　　　　576.3

　　贷：其他业务收入——仓储服务费　　　　　　　　　　576.3

（3）营业外收入科目贷方发生额合计208.27万元。其中，下脚废料销售收入36.27万元；代办车辆保险，按保险收入15%比例返还的手续费120万元；收取生产厂家驻点直销场地租赁费2万元；纳税大户地方财政奖励50万元。以上各项收入均未计提销项税额。

会计处理如下：

借：银行存款　　　　　　　　　　　　　　　　　　　　　208.27
　　贷：营业外收入——下脚废料销售　　　　　　　　　　　36.27
　　　　　　　　　——保险手续费　　　　　　　　　　　　120
　　　　　　　　　——场地租赁　　　　　　　　　　　　　2
　　　　　　　　　——财政奖励　　　　　　　　　　　　　50

（4）4S店代理车辆保险业务相关业务流程如下：4S店考虑保险公司保费、手续费返还因素，在代收车辆保险费时，给予扣除投保客户10%保费的折扣优惠，并将折扣后的代收保费出具收款收据。4S店按保险公司的保费标准全额缴纳保费，将从保险公司取得的保费发票转交给投保客户，代收保费与缴纳保险的差额计入其他业务支出。

①向扣除投保客户代收保费：

借：银行存款　　　　　　　　　　　　　　　　　　　　　720
　　贷：其他应付款——代收车辆保费　　　　　　　　　　　720

②向保险公司缴纳保费：

借：其他业务支出　　　　　　　　　　　　　　　　　　　80
　　其他应付款——代收车辆保费　　　　　　　　　　　　720
　　贷：银行存款　　　　　　　　　　　　　　　　　　　800

（5）主营业务成本科目借方发生额9345万元，分别为汽车及配件销售成本8400万元、修理业务成本675万元和返还270万元。经核实，主营业务成本返还确认该4S店为促进汽车销售，按汽车生产厂家限制的最低销售价格向购车客户收款和开具机动车发票后给予客户的差价返还，差价返还的品种为购车单位出具的收款收据或购车个人出具带有身份证号的收条。汇总的会计处理如下：

借：主营业务成本——车辆销售　　　　　　　　　　　　　8400
　　　　　　　　——返还　　　　　　　　　　　　　　　270
　　　　　　　　——修理　　　　　　　　　　　　　　　675
　　贷：库存商品　　　　　　　　　　　　　　　　　　　9075
　　　　银行存款　　　　　　　　　　　　　　　　　　　270

（6）营业外支出科目借方发生合计11.2万元。其中以前年度因违反汽车供应商定价政策，擅自降价销售被汽车生产厂家处以罚款10万元。销售人员私自驾驶购入汽车外出办事造成交通事故被交管部门处以违章罚款0.2万元。公司代当事人现金赔偿公司车辆损失1万元。（下述计算结果均以万元为单位，保留两位小数）

要求：

（1）根据业务（1）~（6）判断相关业务是否涉及增值税处理，并计算相应的金额。

【答案】

业务（1）涉及增值税处理，处理正确。

业务（2）涉及增值税处理，处理不正确。应按照平销返利进行处理，应冲减当期增值税进项税额。金额 = 576.3/1.13 × 13% = 66.3 万元。

业务（3）涉及增值税处理，处理不正确。下角废料销售收入、返还的保险手续费、场地租赁费应缴纳增值税的金额 = 36.27/1.13 × 13% + 120/1.06 × 6% + 2/1.09 × 9% = 11.13 万元。

业务（4）不涉及增值税处理。

业务（5）不涉及增值税处理。

业务（6）不涉及增值税处理。

（2）上述业务中在 2023 年度企业所得税汇算清缴时哪些项目应进行纳税调整，并简述纳税调整的理由。

【答案】

业务（2），冲减进项税额后影响利润及应纳税所得额，需要进行纳税调整。

业务（3），确认销项税额影响营业外收入金额，进一步影响应纳税所得额，需要进行纳税调整。

业务（6），违章罚款属于行政性罚款，不得在企业所得税前扣除，需要纳税调增。

公司代当事人现金赔偿公司车辆损失 1 万元，应向责任人收取，不得在企业所得税前扣除，需要纳税调增。

（3）针对上述业务中出现的账务处理差错进行会计差错更正（按当年度发生错账做出调整分录）。

【答案】

业务（2）存在错账：

借：其他业务收入——仓储服务费　　　　　　　　　　　　　576.3
　　应交税费——应交增值税（进项税额）　　　　　　　　　－66.3
　　贷：主营业务成本　　　　　　　　　　　　　　　　　　　510

业务（3）存在错账：

借：营业外收入——下角废料销售　　　　　　　　　　　　　36.27
　　　　　　　——保险手续费　　　　　　　　　　　　　　120
　　　　　　　——场地租赁　　　　　　　　　　　　　　　2
　　贷：其他业务收入——下角废料销售　　　　　　　　　　　32.1
　　　　　　　　　　——保险手续费　　　　　　　　　　　113.21
　　　　　　　　　　——场地租赁　　　　　　　　　　　　1.83
　　　　应交税费——应交增值税（销项税额）　　　　　　　　11.13

业务（6）存在错账：

借：其他应收款　　　　　　　　　　　　　　　　　　　　　1
　　贷：营业外支出　　　　　　　　　　　　　　　　　　　　1

高频考点 · 消费税相关规定 ★★

【单选题】 下列不属于发生消费税纳税义务的行为是(　　)。
A. 礼品店销售高档手表
B. 首饰店销售金银首饰
C. 卷烟批发商销售卷烟给零售商
D. 汽车销售公司销售超豪华小汽车

解析 高档手表在生产销售环节缴纳消费税，零售环节不缴纳消费税。
【答案】 A

拓展

三种特殊环节征收的情况	卷烟、电子烟在批发环节，超豪华小汽车在零售环节（10%）加征一次消费税；金银首饰、铂金首饰、钻石及钻石饰品在零售环节征收消费税。 特别提示： （1）国内汽车生产企业直接销售给消费者超豪华小汽车时，应纳税额＝销售额×（生产环节消费税税率＋零售环节消费税税率）（直接销售，两道一起征收）。 （2）批发企业之间销售的卷烟不缴纳消费税，批发企业销售给批发企业以外的卷烟于销售时纳税；本环节征收消费税时，不得扣除已含的生产环节的消费税税款。 （3）对于在零售环节缴纳消费税的金银首饰（含镶嵌首饰）、铂金首饰、钻石及钻石饰品不得扣除外购珠宝玉石已纳消费税
委托加工代收代缴消费税的规定	（1）委托加工的应税消费品，除受托方为个人外，由受托方在向委托方交货时代收代缴税款。 （2）纳税人委托个人加工应税消费品，一律于委托方收回后在委托方所在地自行缴纳消费税。 （3）委托加工的应税消费品，按照受托方的同类消费品的销售价格计算纳税；没有同类消费品销售价格的，按照组成计税价格计算纳税（先售价再组价）
包装物销售额的计税问题	（1）实行从价定率办法及复合计税办法计算应纳税额的应税消费品：连同包装物销售的，无论包装物是否单独计价以及在会计上如何核算，均应并入应税消费品的销售额中缴纳消费税。（≈成套） （2）包装物押金的处理（≈价外费用，可能需要价税分离） ① 通常包装物不作价随同产品销售仅为收取押金的，押金并不入应税消费品的销售额中征税。对逾期未收回的包装物不再退还的或者已收取的时间超过1年的押金，应并入应税消费品的销售额，按照应税消费品的适用税率缴纳消费税。（纳税义务时点：在确定不再退还的当期） ② 对啤酒、黄酒以外的其他酒类产品（如白酒）而收取的包装物押金，无论押金是否返还及会计上如何核算，均应并入酒类产品销售额中征收消费税（纳税义务时点：在收取押金的当期，防止税收漏洞）

【单选题】企业将自产的从价计征的应税消费品用于换取机器设备（以物易物），其消费税计税依据为(   )。

A. 同类应税消费品的平均售价
B. 同类应税消费品的最高售价
C. 组成计税价格＝（成本＋利润）／（1－消费税税率）
D. 主管税务机关核定价格

解析 纳税人将自产的应税消费品用于换取生产资料和消费资料、投资入股和抵偿债务等情形，按纳税人同类应税消费品的最高销售价格计算缴纳消费税。

【答案】 B

【多选题】某卷烟厂为增值税一般纳税人，2024年6月委托其他企业加工烟丝，收回后用于连续生产卷烟，下列各项支出不应计入收回烟丝成本的有(   )。

A. 随同加工费支付的增值税专用发票注明的增值税
B. 加工企业代收代缴的消费税
C. 随同加工费支付的取得普通发票的增值税
D. 支付的委托加工费
E. 用于委托加工烟丝的材料成本

解析 选项A，可以抵扣的进项税额，不计入收回烟丝的成本；选项B，将委托加工收回的烟丝用于生产卷烟，可以按生产领用数量抵扣烟丝已纳的消费税，不计入收回烟丝的成本。

【答案】 AB

拓展 委托方收回应税消费品进行销售或连续生产时，消费税是否可以抵扣

进行销售时	委托方以不高于受托方计税价格出售	不再缴纳消费税
	委托方以高于受托方的计税价格出售	需按照规定申报缴纳消费税，在计税时准予扣除受托方已代收代缴的消费税（交少了补）
进行连续生产时	用于消费税应税消费品连续生产的（如收回香水精连续生产香水）	已纳税款按规定准予抵扣的（未脱离消费税征税环节），将受托方代收代缴的消费税记入"应交税费—应交消费税"科目的借方，其委托加工环节缴纳的消费税税款可以按生产领用数量抵扣
	用于非消费税应税消费品连续生产的（如收回香水精连续生产非应税消费品）	不予抵扣（脱离消费税征税环节），将受托方代收代缴的消费税记入计入消费品成本

【综合分析题】甲企业（增值税一般纳税人），主要业务为化妆品生产及销售，2024年10月发生如下业务：

（1）以直接收款方式销售生产的Ⅰ类化妆品1500瓶，每瓶20克，每瓶不含税售价400元，相关款项已收存银行。

（2）以直接收款方式销售Ⅱ类化妆品50箱，每箱20瓶，每瓶60毫升，每瓶含税售价61.02元，货物已发，相关款项已收存银行。

（3）以赊销方式销售Ⅲ类化妆品300盒，每盒5片，已开具增值税专用发票，注明价款27000元，增值税3510元，款项尚未收到。

（4）将Ⅰ类化妆品、Ⅱ类化妆品各1瓶和Ⅲ类化妆品2片组成套装，以每套不含税价款490元，委托甲企业代销，月底已收到代销清单，当期代销100套，款项尚未收到。

（5）将自产Ⅲ类化妆品120盒作为中秋节福利发放给本单位职工。

（6）将本地自建的办公楼对外出租，一次性收取3年租金1050000元，采用简易计税方法计算增值税。

（7）本月材料采购情况如下表所示。

序号	采购内容	数量（斤）	不含税单价（元）
1	香水精	50	1000
2	酒精	100	20
3	棕榈蜡	500	50
4	乳化剂	500	600

（8）支付销售化妆品发生的运输费用21800元，取得的增值税专用发票载明金额20000元，税额1800元，当月已认证通过。已知高档化妆品消费税税率15%。采购时均取得增值税专用发票，当月除棕榈蜡的专用发票未认证外，其他专用发票均已通过认证，以上材料均未领用。

问题：

（1）根据资料，分别计算以上业务当期增值税和消费税。

（2）根据资料填写下列增值税及附加税费申报表中所列字母金额。

增值税及附加税费申报表

项目		栏次	金额
销售额	（一）按适用税率计税销售额		A
	其中：应税货物销售额		B
	应税劳务销售额		
	销项税额		C
	进项税额		D
	实际抵扣进项税		E
	应纳税额		F

续表

	项目	栏次	金额
销售额	（二）按简易办法计税销售额		G
	简易计税办法计算的应纳税额		H
	应纳税额合计		I

【答案】

（1）业务1：

增值税销项税额 = 400×1500×13% = 78000元

消费税 = 400×1500×15% = 90000元

业务2：

增值税销项税额 = 61020/1.13×13% = 7020元

消费税：0。

业务3：

增值税销项税额 = 3510元

消费税 = 27000×15% = 4050元

业务4：

增值税销项税额 = 490×100×13% = 6370元

消费税 = 490×100×15% = 7350元

业务5：

增值税销项税额 = 120×27000/300×13% = 1404元

消费税 = 120×27000/300×15% = 1620元

业务6：

简易计税应纳增值税 = 1050000/1.05×5% = 50000元

业务7：

增值税进项税额 = （1000×50+20×100+600×500）×13% = 45760元

业务8：

增值税进项税额：1800元。

（2）增值税及附加税费申报表

	项目	栏次	金额
销售额	（一）按适用税率计税销售额		740800（600000+61020/1.13+27000+49000+10800）
	其中：应税货物销售额		740800
	应税劳务销售额		
	销项税额		96304（740800×13%）
	进项税额		47560（45760+1800）
	实际抵扣进项税		47560
	应纳税额		48744（96304-47560）

续表

	项目	栏次	金额
销售额	（二）按简易办法计税销售额		1000000（1050000/1.05）
	简易计税办法计算的应纳税额		50000（1050000/1.05×5%）
	应纳税额合计		98744（48744+50000）

■ **所得税部分·考点分布**

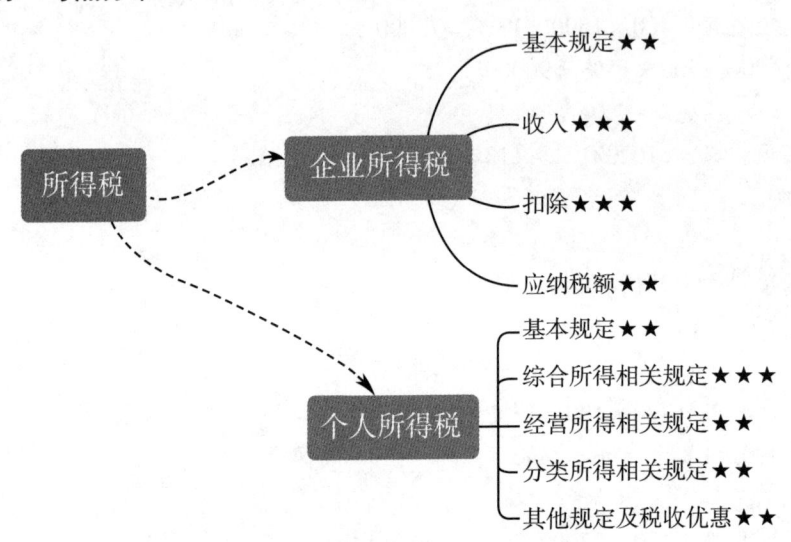

```
所得税 ──→ 企业所得税 ──→ 基本规定★★
                       ──→ 收入★★★
                       ──→ 扣除★★★
                       ──→ 应纳税额★★
       ──→ 个人所得税 ──→ 基本规定★★
                       ──→ 综合所得相关规定★★★
                       ──→ 经营所得相关规定★★
                       ──→ 分类所得相关规定★★
                       ──→ 其他规定及税收优惠★★
```

高频考点·企业所得税基本规定★★

【单选题】下列关于企业所得税适用税率的说法，错误的是（　　）。

A. 在中国境内未设立机构、场所的非居民企业，减按10%征收企业所得税

B. 国家重点扶持的高新技术企业，减按15%征收企业所得税

C. 在中国境内设立机构、场所的非居民企业，取得中国境内的所得减按10%征收企业所得税

D. 小型微利企业减按20%征收企业所得税

解析 在中国境内未设立机构、场所，或者虽设立机构、场所但取得的所得与其所设机构、场所没有实际联系的非居民企业减按10%征收企业所得税；在中国境内设立机构、场所的非居民企业，取得中国境内的所得按25%征收企业所得税。

【答案】C

【单选题】关于股息红利的所得税处理，下列说法不正确的是（　　）。

A. 境内居民企业从境内上市居民企业取得的股息红利所得，计征企业所得税

B. 境内居民企业从境内非上市居民企业取得的股息红利所得，免征企业所得税

C. 在中国境内设立机构场所的非居民企业从境内非上市居民企业取得与该机构场所有实际联系的股息红利所得，免征企业所得税

D. 在中国境内未设立机构场所的非居民企业从中国境内取得的股息红利所得，以收入全额计入应纳税所得额

解析 境内居民企业从境内上市居民企业取得的股息红利所得，如果持股时间超过12个月的，可以免征企业所得税。

【答案】 A

【多选题】 根据企业所得税法相关规定，下列属于来源于中国境内所得的有（　　）。

A. 法国某公司承建中国境内某水电站获得的所得
B. 中国某企业向印度某银行支付贷款利息
C. 中外合资企业的德国股东将其股权转让给境外企业获得的所得
D. 中国某外商投资企业向日本股东支付股息
E. 中国某公司将其在英国分支机构的写字楼转让获得的所得

解析 选项E，转让不动产所得，按照不动产所在地确定所得来源地。

【答案】 ABCD

拓展

属地的概念	所得来源地的确定按照以下原则确定（源泉）： （1）销售货物所得，按照交易活动发生地确定。 （2）提供劳务所得，按照劳务发生地确定。 （3）转让财产所得：不动产转让所得按照不动产所在地确定；动产转让所得按照转让动产的企业或者机构、场所所在地确定；<u>权益性投资资产转让所得按照被投资企业所在地确定</u>。 （4）股息、红利等权益性投资所得，按照分配所得的企业所在地确定。 （5）利息所得、租金所得、特许权使用费所得，按照负担、支付所得的企业或者机构、场所所在地确定，或者按照负担、支付所得的个人的住所地确定。 （6）其他所得，由国务院财政、税务主管部门确定

【多选题】 根据企业所得税的相关规定，下列各项表述中错误的有（　　）。

A. 企业向投资者支付的股息，在计算应纳税所得额时不得扣除
B. 计算企业股权转让时所得时，可以扣除被投资企业未分配利润等股东留存收益中按该项股权所可能分配的金额
C. 被投资企业发生的经营亏损可以由投资企业的盈利弥补
D. 被清算企业的股东分得的剩余资产的金额，其中相当于被清算企业累计未分配利润和累计盈余公积中按该股东所占股份比例计算的部分，应确认为股息所得
E. 境内投资方企业发生的亏损，可用境外被投资企业分回的所得弥补

解析 选项B，企业在计算股权转让所得时，不得扣除被投资企业未分配利润等股东

留存收益中按该项股权所可能分配的金额；选项C，被投资企业发生的经营亏损，由被投资企业按规定结转弥补。投资企业不得调整减低其投资成本，也不得将其确认为投资损失。

【答案】 BC

高频考点·收入★★★

【多选题】 根据企业所得税法的相关规定，下列关于收入确认表述中错误的有(　　)。
A. 特许权使用费收入，按照特许权使用人实际支付特许权使用费的日期确认收入的实现
B. 接受捐赠收入，按照捐赠合同约定的日期确认收入的实现
C. 利息收入，按照合同约定的债务人应付利息的日期确认收入的实现
D. 分期收款方式销售商品按合同约定的收款日期确定销售收入的实现
E. 租金收入一般应按照合同约定的承租人应付租金的日期确认收入的实现

解析 选项A，特许权使用费收入，按照合同约定的特许权使用人应付特许权使用费的日期确认收入的实现；选项B，接受捐赠收入，按照实际收到捐赠资产的日期确认收入的实现。

【答案】 AB

【单选题】 下列关于"买一赠一"销售商品的企业所得税处理中，说法正确的是(　　)。
A. 单独确认销售商品的收入，赠送的商品按视同销售单独确认为企业的收入
B. 单独确认销售商品的收入，赠送的商品作为销售费用核算
C. 单独确认销售商品的收入，赠送的商品按捐赠处理
D. 将总销售金额按各项销售商品和赠送商品的公允价值进行分摊分别确认收入

解析 选项D，企业以"买一赠一"方式销售商品的，不属于捐赠，应将总销售金额按各项商品的公允价值的比例来分摊确认各项的销售收入。

【答案】 D

拓展　企业所得税确认销售额的审核

实现销售的情形	收入确认的金额
售后回购	销售的商品按售价确认收入，回购的商品作为购进商品（通常视为购销两项业务）。如果有证据表明不符合销售收入确认条件的，如以销售商品方式进行融资，收到的款项应确认为负债，回购价格大于原售价的，差额应在回购期间确认为利息费用（控制权并未转移，视为一项抵押行为）

续表

以旧换新方式	按照销售商品收入确认条件确认收入，回收的商品作为购进商品处理（视为购销两项业务）
以"买一赠一"等方式组合销售	不属于对外捐赠，将总销售金额按各项商品公允价值的比例分摊确认各项商品的销售收入（按公允价值分摊）
劳务费	长期为客户提供重复的劳务收取的劳务费，在相关劳务活动发生时确认收入。 特别提示：持续时间超过 12 个月的劳务。企业受托加工制造大型机械设备、船舶、飞机等，以及从事建筑、安装、装配工程业务或者提供其他劳务等，持续时间超过 12 个月的，按照纳税年度内完工进度或者完成的工作量确认收入的实现
股息、红利等权益性投资收益	通常以被投资企业股东会或股东大会作出利润分配决定或转股决定的日期确认收入的实现。 （1）符合条件的居民企业之间的股息、红利等权益性投资收益为免税收入。（防止重复征税） （2）在中国境内设立机构、场所的非居民企业从居民企业取得与该机构、场所有实际联系的股息、红利等权益性投资收益为免税收入。 上述免税的股息、红利等权益性投资收益，不包括连续持有居民企业公开发行并上市流通的股票不足 12 个月取得的投资收益。 被投资企业将股权（票）溢价所形成的资本公积转为股本，不作为投资方企业的股息、红利收入，投资方企业也不得增加该项长期投资的计税基础
租金收入	企业提供固定资产、包装物或者其他有形资产的使用权取得的收入，按照合同约定的承租人应付租金的日期确认收入实现
接受捐赠收入	企业接受的来自其他企业、组织或者个人无偿给予的货币性资产、非货币性资产，按照实际收到捐赠资产的日期确认收入的实现

【单选题】将国有资产无偿划入企业，凡指定专门用途并按规定进行管理的，企业所得税中应按照下列方式处理（　　）。

A. 作为免税收入　　　　　　　　B. 计入当期收入总额
C. 作为不征税收入　　　　　　　D. 作为国家投资项目

解析　根据企业所得税的相关规定，县级以上人民政府将国有资产无偿划入企业，凡指定专门用途并按以下规定进行管理的，企业可作为不征税收入进行企业所得税处理：

（1）企业能够提供规定资产专项用途的资产拨付文件。

（2）财政部门或其他拨付资金的政府部门对该资产有专门的资金管理办法或具体管理要求。

（3）企业对该资产以及以该资产发生的支出单独进行核算。其中，该项资产属于非货币性资产的，应按政府确定的接收价值计算不征税收入。

【答案】C

拓展　免税收入

国债利息收入	购买国债所得的利息收入免税，但国债转让收入不免企业所得税
符合条件的股息、红利等权益性收益	居民企业之间；在中国境内设立机构、场所的非居民企业从居民企业取得与该机构、场所有实际联系的，不包括连续持有居民企业公开发行并上市流通的股票不足12个月取得的投资收益
符合条件的非营利组织的收入	接受其他单位或者个人捐赠的收入；除《中华人民共和国企业所得税法》第七条规定的财政拨款以外的其他政府补助收入（属于不征税收入），但<u>不包括因政府购买服务取得的收入</u>；按照省级以上民政、财政部门规定收取的会费；不征税收入和免税收入孳生的银行存款利息收入
地方政府债券利息所得	是指对企业取得的2009年及以后年度发行的地方政府债券；但<u>企业发行的债券不免企业所得税</u>
永续债利息收入	发行方和投资方均为居民企业的，投资方取得的永续债利息收入可以适用《中华人民共和国企业所得税法》规定的居民企业之间的股息、红利等权益性投资收益免征企业所得税的规定；同时发行方支付的永续债利息支出不得在企业所得税税前扣除
其他免税收入	对投资者从证券投资基金分配中取得的收入，暂不征收企业所得税。 自2022年1月1日起，对非营利性科学技术研究开发机构、高等学校接收企业、个人和其他组织机构基础研究资金收入，免征企业所得税

【单选题】下列情形中，企业所得税收入确认时间与增值税的纳税义务发生时间一致的是(　　)。

A. 预收款提供租赁服务
B. 生产销售工期超过12个月的大型机械设备
C. 委托代销提供销售货物
D. 分期收款提供销售货物

解析　"预收款提供租赁服务"增值税纳税义务发生时间为纳税人提供租赁服务采取预收款方式的，其纳税义务发生时间为收到预收款的当天。企业所得税纳税义务发生时间：合同约定的承租人应付租金的日期确认。如果交易合同或协议中规定租赁期限跨年度，且租金提前一次性支付的，出租人可对上述已确认的收入，在租赁期内，分期均匀计入相关年度收入。"生产销售工期超过12个月的大型机械设备"增值税纳税义务发生时间为生产销售生产工期超过12个月的大型机械设备、船舶、飞机等货物，为收到预收款或书面合同约定的收款日期的当天；企业所得税纳税义务发生时间为纳税年度内完工进度或者完成的工作量确认收入的实现。"委托代销提供销售货物"增值税纳税义务发生时间为收到代销单位的代销清单、收到全部或部分货款的当天、发出代销货物满180天的当天三者中较早一方。企业所得税纳税义务发生时间为收到代销清单时。

【答案】 D

■ **拓展** **不征税收入**

（1）财政拨款。

（2）依法收取并纳入财政管理的政府性基金、行政事业性收费。

（3）国务院规定的其他不征税收入：是指企业取得的，由国务院财政、税务主管部门规定专项用途并经国务院批准的财政性资金。

特别提示：<u>不包括企业按规定取得的出口退税款和取得的增值税留抵税额退税款</u>；对月销售额10万元以下（季度30万元以下）的增值税小规模纳税人免征的增值税以及增值税加计抵减优惠部分，不符合不征税收入的条件，应按规定缴纳企业所得税；符合规定条件的财政性资金作不征税收入处理后，在5年（60个月）内未发生支出且未缴回财政部门或其他拨付资金的政府部门的部分，应计入取得该资金第6年的应税收入总额。计入应税收入总额的财政性资金发生的支出，允许在计算应纳税所得额时扣除。（长期不使用的情形）

企业的不征税收入用于支出所形成的费用，不得在计算应纳税所得额时扣除；企业的不征税收入用于支出所形成的资产，其计算的折旧、摊销不得在计算应纳税所得额时扣除。（收入与成本配比原则，没有收入则不能扣除成本）

》**高频考点** · **扣除**★★★

【单选题】 根据企业所得税法的相关规定，下列支出中可在企业所得税前扣除的是(   )。

A. 非银行企业内营业机构之间支付的利息
B. 企业之间支付的管理费用
C. 企业依据法律规定提取的环境保护专项资金
D. 烟草企业的烟草广告费和业务宣传费

🔍 **解析** 本题容易错选B。选项A，企业之间支付的管理费用不得税前扣除；选项B，非银行企业内营业机构之间支付的利息，不得税前扣除，银行企业内营业机构之间支付的利息，可以税前扣除；选项D，烟草企业的烟草广告费和业务宣传费支出，一律不得在计算应纳税所得额时扣除。

【答案】 C

■ **拓展** **不得扣除项目的审核（与生产经营无关、不合理、税后）**

在计算应纳税所得额时，下列支出不得扣除：

（1）向投资者支付的股息、红利等权益性投资收益款项。（已是企业所得税后）

（2）企业所得税税款。

（3）税收滞纳金，是指纳税人违反税收法规，被税务机关处以的滞纳金。（与生产经营无关）

（4）罚金、罚款和被没收财物的损失，是指纳税人违反国家有关法律、法规规定，被有关部门处以的罚款，以及被司法机关处以的罚金和被没收财物。（与生产经营无关）

特别提示：<u>违约金、罚息、诉讼赔偿可以在税前扣除。</u>（与生产经营有关）

（5）超过《中华人民共和国企业所得税法》第九条规定以外的捐赠支出。（直接捐赠不可扣除）

（6）赞助支出，是指企业发生的与生产经营活动无关的各种非广告性质支出。（赞助支出≠广告）

（7）未经核定的准备金支出，是指不符合国务院财政、税务主管部门规定的各项资产减值准备、风险准备等准备金支出。（预提一般不可扣除）

（8）企业之间支付的管理费、企业内营业机构之间支付的租金和特许权使用费，以及非银行企业内营业机构之间支付的利息，不得扣除。（内部行为）

（9）与取得收入无关的其他支出。

【多选题】下列关于关联企业利息费用的表述中，符合企业所得税法规定的有（　　）。
A. 金融企业接受关联方债权性投资与权益性投资的标准比例为2：1
B. 企业从其关联方接受的债权性投资与权益性投资的比例超过规定标准而发生的利息支出，不得在计算应纳税所得额时扣除
C. 企业的实际税负不高于境内关联方的，其实际支付给境内关联方的利息支出，在计算应纳税所得额时准予扣除
D. 企业向股东或其他与企业有关联关系的自然人借款的利息支出，可以在企业所得税税前据实扣除
E. 企业同时从事金融业务和非金融业务，其实际支付给关联方的利息支出，应按照合理方法分开计算

【解析】选项A，金融企业接受关联方债权性投资与权益性投资的标准比例为5：1。金融企业以外的其他企业接受关联方债权性投资与权益性投资的标准比例为2：1。选项D，企业向股东或其他与企业有关联关系的自然人借款的利息支出，应根据关联方利息支出税前扣除标准计算扣除金额，而非据实扣除。

【答案】BCE

【单选题】现金折扣（折扣销售）实际发生时在企业所得税税前扣除的项目是（　　）。
A. 营业成本　　　B. 财务费用　　　C. 销售费用　　　D. 管理费用

【解析】销售商品发生现金折扣（又称"折扣销售"）的，应按扣除现金折扣前的金额确定销售商品收入金额，现金折扣在实际发生时作为财务费用扣除。

【答案】B

【单选题】根据企业所得税法的相关规定，企业2023年实际发生并取得合法票据的下列支出中，允许税前一次性全额扣除的是（　　）。
A. 构建一条单位价值1000万元的生产线
B. 建造、竣工交付使用单位价值2500万元的生产车间
C. 购进一栋单位价值300万元的厂房
D. 购进一辆单位价值70万元的二手小汽车

解析 在2018年1月1日至2027年12月31日期间，新购进的设备、器具（除房屋、建筑物以外的固定资产），单位价值不超过500万元的，允许一次性计入当期成本费用在计算应纳税所得额时扣除，不再分年度计算折旧；单位价值超过500万元的固定资产，仍按照企业所得税相关规定执行。固定资产在投入使用月份的次月所属年度一次性税前扣除。企业可自行选择享受一次性税前扣除政策，未选择享受一次性税前扣除政策的，以后不得再变更。

【答案】D

【单选题】根据企业所得税汇算清缴制度相关规定，企业发生资产报废毁损等损失在企业所得税税前扣除采取(　　)。

A. 将资产损失相关资料报税务机关备案，填报《资产损失税前扣除及纳税调整明细表》，按规定扣除
B. 应向主管税务机关进行专项申报，经税务机关批准填报《资产损失税前扣除及纳税调整明细表》，按规定扣除
C. 填报《资产损失税前扣除及纳税调整明细表》按规定扣除，资产损失相关资料不需报送，也不需要留存备查
D. 填报《资产损失税前扣除及纳税调整明细表》按规定扣除，资产相关资料由企业留存备查

解析 自2017年度及以后年度企业所得税汇算清缴，企业向税务机关申报扣除资产损失，填报企业所得税年度纳税申报表《资产损失税前扣除及纳税调整明细表》，无须再报送资产损失相关资料，相关资料由企业留存备查。

【答案】D

【单选题】当年将以前年度无法收回的应收账款作为坏账损失核销，该损失在企业所得税税前扣除时，下列处理符合现行政策规定的是(　　)。

A. 应向税务机关逐笔报送申请报告，经税务机关批准后扣除
B. 不用向税务机关逐笔报送资料，也不需要将相关资料留存，申报后就可以扣除
C. 应向税务机关逐笔报送，相关资料报税务机关备案后扣除
D. 不用向税务机关逐笔报送资料，相关资料企业留存备查就可以扣除

解析 企业向税务机关申报扣除资产损失，仅需填报企业所得税年度纳税申报表《资产损失税前扣除及纳税调整明细表》，不再报送资产损失相关资料，相关资料由企业留存备查。

【答案】D

【单选题】房地产企业委托境外机构销售开发产品的，其支付境外机构销售费用的扣除规定是(　　)。

A. 该销售费用（不含佣金或手续费），可据实扣除
B. 该销售费用（含佣金或手续费），可据实扣除

C. 该销售费用（含佣金或手续费）且不超过委托销售收入10%的部分，可据实扣除
D. 该销售费用（不含佣金或手续费）且不超过委托销售收入10%的部分，可据实扣除

解析 房地产企业委托境外机构销售开发产品的，其支付境外机构的销售费用（含佣金或手续费）不超过委托销售收入10%的部分，准予据实扣除。

【答案】 C

【多选题】 下列支出在企业所得税年度纳税申报时，通常按纳税调整增加应纳税所得额的有（　　）。
A. 超过利润总额12%的公益性捐赠支出　　B. 收到国债利息计入财务费用
C. 存货跌价准备计入资产减值损失　　D. 行政罚款计入营业外支出
E. 可加计扣除的研发费用

解析 选项B，国债利息收入属于免税收入，通常应调减应纳税所得额；选项C，存货跌价准备，不得税前扣除，通常应调增应纳税所得额；选项D，行政罚款不得税前扣除，通常应调增应纳税所得额。

【答案】 ACD

【多选题】 企业发生的职工教育经费，可以在企业所得税税前据实全额扣除的情形有（　　）。
A. 符合条件软件企业的职工培训费　　B. 高新技术企业的职工培训费
C. 集成电路设计企业的职工培训费　　D. 航空企业实际发生的乘务训练费
E. 技术先进型服务企业的职工培训费

解析 选项B、E，发生的职工教育经费支出，不超过工资薪金总额8%的部分，准予在计算应纳税所得额时扣除。超过部分，准予在以后纳税年度结转扣除；选项A、C、D，集成电路设计企业和符合条件软件企业的职工培训费用，应单独进行核算并按实际发生额在计算应纳税所得额时扣除；自2011年7月1日起，航空企业实际发生的飞行员养成费、飞行训练费、乘务训练费、空中保卫员训练费等空勤训练费用，可以作为航空企业运输成本在税前扣除。

【答案】 ACD

【多选题】 根据企业所得税相关规定，企业实际发生的超过当年税前扣除标准的金额，准予在以后纳税年度结转扣除的有（　　）。
A. 职工福利费支出　　B. 业务招待费支出
C. 公益性捐赠支出　　D. 工会经费支出
E. 广告费和业务宣传费支出

解析 企业当年发生以及以前年度结转的公益性捐赠支出，不超过年度利润总额12%的部分准予扣除，超过年度利润总额12%的部分，准予以后三年内在计算应纳税所得额时结转扣除；企业发生的符合条件的广告费和业务宣传费支出，除国务院财政、税务主管部门另有规定外，不超过当年销售（营业）收入15%的部分，准予扣除；化妆品制造或销售、

医药制造和饮料制造（不含酒类制造）不超过当年销售（营业）收入30%的部分准予扣除。

【答案】CE

【多选题】下列支出中，应作为长期待摊费用在企业所得税税前扣除的有（　　）。
A. 租入固定资产的改建支出　　B. 固定资产的日常修理支出
C. 固定资产的大修理支出　　D. 经营租入固定资产的租赁费支出
E. 企业筹建期间的开办费

解析　固定资产的日常修理支出可以作为期间费用直接在当期扣除；经营租入固定资产的租赁费支出，按租赁资产用途计入当期相关的成本费用；企业筹建期间的开办费，可作为长期待摊费用按期摊销扣除，也可以选择税前一次性扣除。

【答案】AC

拓展　长期待摊费用税务处理的审核（长期待摊费用属于资产类科目，分期摊销扣除）

企业发生的下列支出作为长期待摊费用，按照规定摊销的，准予扣除。

已足额提取折旧的固定资产的改建支出和租入固定资产的改建支出	（1）已足额提取折旧的固定资产改建支出，按固定资产预计尚可使用年限分期摊销； （2）租入固定资产的改建支出，按照合同约定的剩余租赁期限分期摊销； （3）改建的固定资产延长使用年限的，除已足额提取折旧的固定资产、租入固定资产的改建支出外，其他的固定资产发生改建支出，应当适当延长折旧年限
固定资产的大修理支出	修理支出达到取得固定资产时的计税基础50%以上且修理后固定资产的使用年限延长2年以上，不同时满足以上条件的修理支出可以在当期直接扣除
其他应当作为长期待摊费用的支出	自支出发生月份的次月起分期摊销，摊销年限不得低于3年

【简答题】境内企业甲公司委托外单位研发新产品，针对研究开发费用如何在企业所得税税前加计扣除向税务师咨询以下问题，请依次简要回答：

（1）委托境内单位进行研发，由委托方还是受托方享受加计扣除政策？实际发生的委托研发费用，如何确定计入加计扣除基数的金额？

【答案】
委托境内单位进行研发，由委托方享受加计扣除政策；
企业委托境内外部机构或个人进行研发活动所发生的费用，按照费用实际发生额的80%计入委托方研发费用并计算加计扣除，受托方不得再进行加计扣除。

（2）委托境外单位进行研发，实际发生的委托研发费用，加计扣除的基数如何确定？

【答案】

企业委托境外进行研发活动所发生的费用，按照费用实际发生额的80%计入委托方的委托境外研发费用。委托境外研发费用不超过境内符合条件的研发费用2/3的部分，可以按规定在企业所得税税前加计扣除。

（3）委托境内或境外的个人进行研发，是否都可以享受加计扣除政策？若可以享受加计扣除政策，应取得怎样的扣除凭证？

【答案】

委托境内个人进行研发活动所发生的费用，按照费用实际发生额的80%计入委托方研发费用并计算加计扣除；委托境外个人进行研发活动不得享受加计扣除优惠政策。

委托境内个人进行研发的，应凭个人出具的发票等合法有效凭证在税前加计扣除。

高频考点 · 应纳税额 ★★

【多选题】居民企业的下列所得，可以享受企业所得税技术转让优惠政策的有（　　）。

A. 转让计算机软件著作权的所得
B. 转让拥有3年以上的技术所有权的所得
C. 转让生物医药新品种的所得
D. 转让植物新品种的所得
E. 从直接或间接持有股权之和达100%的关联方取得的技术转让所得

解析　技术转让的范围，包括居民企业转让专利技术、计算机软件著作权、集成电路布图设计权、植物新品种、生物医药新品种，以及财政部和国家税务总局确定的其他技术。选项B，技术转让是指居民企业转让其拥有符合技术转让范围规定技术的所有权或5年以上（含5年）全球独占许可使用权的行为；选项E，居民企业从直接或间接持有股权之和达到100%的关联方取得的技术转让所得，不享受技术转让减免企业所得税优惠政策。

【答案】ACD

拓展　企业所得税易考查税收优惠政策

（一）符合条件的技术转让所得（分段计算，500万）

1. 基本规定：纳税人一个纳税年度内，居民企业技术转让所得不超过500万元的部分，免征企业所得税；超过500万元的部分，减半征收企业所得税。（所得500万以下免，500万以上减半）

特别提示：居民企业从直接或间接持有股权之和达到100%的关联方取得的技术转让所得，不享受优惠。（未实质转让）

2. 技术转让是指居民企业转让其拥有符合技术转让范围规定技术的所有权或5年以上（含5年）全球独占许可使用权的行为。

其中：专利技术是指法律授予独占权的发明、实用新型、非简单改变产品图案外观设计。（大专利）

3. 技术转让所得＝技术转让收入－技术转让成本－相关税费。
4. 居民企业取得禁止出口和限制出口技术转让所得，不享受优惠。

(二) 小型微利企业优惠

1. 小型微利企业：是指从事国家非限制和禁止行业，且同时符合年度应纳税所得额不超过 300 万元、从业人数不超过 300 人、资产总额不超过 5000 万元等三个条件的企业。

特别提示：小型微利企业按查账征收方式或核定征收方式缴纳企业所得税的，均可享受上述优惠政策；小型微利企业优惠政策只适用于全部生产经营活动产生的所得均负有我国企业所得税纳税义务的企业，仅就来源于我国所得负有我国纳税义务的非居民企业，不适用上述小型微利企业的优惠政策（适用预提所得税的情形不适用优惠政策）。

2. 计算方法

(1) 税基式优惠：自 2023 年 1 月 1 日至 2027 年 12 月 31 日，对小型微利企业减按 25% 计入应纳税所得额；

(2) 税率式优惠：对小型微利企业减按 20% 的税率征收企业所得税。

3. 从业人数（包括与企业建立劳动关系的职工人数和企业接受的劳务派遣用工人数）和资产总额指标应按企业全年的季度平均值确定，若在年度中间开业或者终止经营活动的，以其实际经营期作为一个纳税年度确定上述相关指标。

全年季度平均值＝全年各季度平均值之和/4，其中，季度平均值＝（季初值＋季末值）/2

4. 小型微利企业所得税统一实行按季度预缴；预缴企业所得税时享受小型微利企业所得税减免政策，汇算清缴企业所得税时不符合规定的，应当按照规定补缴企业所得税税款。

【单选题】下列纳税调整项目中，需要在《纳税调整项目明细表》A105000 "纳税调整减少额" 项目填写的是(　　)。

A. 国债利息
B. 安置残疾人所支付的工资加计扣除
C. 非广告性赞助支出
D. 公允价值变动损益贷方余额

【解析】选项 A、B，填入 "免税、减计收入及加计扣除" 栏次；选项 C，非广告性赞助支出，不得税前扣除，应纳税调增；选项 D，公允价值变动损益，税法不确认，应纳税调减。

【答案】D

【单选题】下列支出中，在企业所得税纳税调整项目明细表中可能出现纳税调减的是(　　)。

A. 业务招待费支出
B. 捐赠支出
C. 税收滞纳金
D. 非保险企业的佣金和手续费支出

【答案】B

【解析】符合条件的捐赠支出，超过年度利润总额 12% 的部分，准予以后三年内在计算应纳税所得额时结转扣除，可能会纳税调减。

【简答题】2023 年初，某文化创意母公司将其持有的文化馆投资给全资子公司，该文化馆购入时间为 2015 年 8 月，购入价格为 800 万元，缴纳相关税费后的账面价值为 840 万元（税法计税基础和账面价值一致），截至 2022 年 12 月，已计提折旧 340 万元，投资给全资子公司时的含税公允价值为 1325 万元。母公司按 4 年确认所得，增值税选择适用简易计税方法计税。

要求：依次简要回答下列问题。

（1）母公司投资时候的转让所得应缴纳的增值税是多少？

【答案】母公司投资时候的转让所得应缴纳的增值税 =（1325 - 800）/（1 + 5%）× 5% = 25 万元。

（2）母公司投资时候的转让所得是多少，2023—2026 年的投资计税基础是多少？

【答案】展览总公司投资时候的转让所得 = 1325 - 25 -（840 - 340）= 800 万元，分 4 年均匀确认，每年确认应纳税所得额 200 万元。

2023 年的投资计税基础是 700 万元（500 + 200）。

2024 年的投资计税基础是 900 万元（500 + 200 × 2）。

2025 年的投资计税基础是 1100 万元（500 + 200 × 3）。

2026 年的投资计税基础是 1300 万元（500 + 200 × 4）。

（3）确定子公司 2023 年接受投资的房产计税基础的金额。

【答案】子公司 2023 年接受投资的房产计税基础是 1300 万元（1325 - 25）。

（4）假定房产税和城镇土地使用税的相关计税事项不变，投资后应交的房产税和城镇土地使用税与母公司相比是否有变化？

【答案】投资后应交的房产税有变化，城镇土地使用税无变化。

理由：母公司以房产投资于已设立的全资子公司，子公司按房产的公允价值作为入账价值，房产税的计税依据发生变化，母、子公司计征房产税的房产余值产生差异；城镇土地使用税的计税依据为实际占用的土地面积，因实际占用土地的面积未发生变化，因此，城镇土地使用税没有变化。

【简答题】甲企业系小规模纳税人，属于国家非限制和禁止行业，其主要经营业务为货物销售和本地不动产出租。

（1）2023 年甲企业可以享受的增值税、城市维护建设税、房产税、城镇土地使用税、印花税及附加税费的优惠政策。

【答案】

① 增值税优惠政策：

自 2023 年 1 月 1 日至 2027 年 12 月 31 日，小规模纳税人发生应税销售行为，合计月销售额未超过 10 万元（按季纳税，季度销售额未超过 30 万元），免征增值税。

自 2023 年 1 月 1 日至 2027 年 12 月 31 日，增值税小规模纳税人适用 3% 征收率的应税销售收入，减按 1% 征收率征收增值税；适用 3% 预征率的预缴增值税项目，减按 1% 预征率预缴增值税。

②"六税两费"优惠政策：

自 2023 年 1 月 1 日至 2027 年 12 月 31 日，对增值税小规模纳税人、小型微利企业和个体工商户减半征收资源税（不含水资源税）、城市维护建设税、房产税、城镇土地使用税、印花税（不含证券交易印花税）、耕地占用税和教育费附加、地方教育附加。

(2) 假设 2023 年甲企业符合小型微利企业条件，简述 2023 年度企业所得税享受的优惠政策。

【答案】2023 年甲企业可以享受的企业所得税优惠政策：对小型微利企业年应纳税所得额不超过 300 万元的部分，减按 25% 计入应纳税所得额，按 20% 的税率缴纳企业所得税。

【简答题】甲、乙公司均为增值税一般纳税人。截止到 2024 年 6 月，甲公司欠乙公司款项累计 2000 万元，因甲公司发生财务困难无法偿付，经双方协商进行重组，甲公司以厂房抵偿乙公司所欠款项。

2024 年 7 月签订债务重组协议，协议约定：厂房抵偿债务的价值按评估价值（含税金额为 1200 万元，分别注明不含税价款和增值税额），甲公司按规定向乙公司开具增值税专用发票，并于 2024 年 7 月 25 日办妥厂房过户手续。债务重组和厂房过户相关的税费，由各方按税法规定分别缴纳。

甲公司厂房相关资料：该办公楼与 2015 年 10 月购置，购进时取得合规发票注明的购进价格为 720 万元，另缴纳契税 21.6 万元，缴纳印花税 0.36 万元，记入固定资产原值 741.6 万元，截止到 2024 年 6 月累积计提折旧 321.36 万元。

假定甲公司增值税选择简易计税方法，城市维护建设税的适用税率为 7%，教育费附加和地方教育附加适用费率分别为 3% 和 2%，建筑物所有权转让书据的印花税适用税率为万分之五。

要求：依次回答下列甲公司在此项债务重组事项中的相关问题。金额单位为万元，保留两位小数。

(1) 计算甲公司应缴纳的增值税及附加税费的金额。需要缴纳的印花税是多少？
【答案】
需要缴纳的增值税 =（1200 - 720）/（1 + 5%）× 5% = 22.86 万元
需要缴纳的附加税费 = 22.86 ×（7% + 3% + 2%）= 2.74 万元
需要缴纳的印花税 = 2000 × 0.05% = 1 万元

(2) 以厂房进行债务重组，能否免征土地增值税？并请简述理由。
【答案】以房抵债属于土地增值税的征税范围，不能免征土地增值税。

(3) 计算甲公司债务重组所得的金额。
【答案】甲公司债务重组所得 = 2000 - 1200 = 800 万元

(4) 除满足企业重组具有合理商业目的等基础条件外，还应满足哪些条件，债务重组所得可以适用企业所得税特殊性税务处理？债务重组所得应如何进行企业所得税特殊性税务处理？

【答案】 债务重组确认的应纳税所得额占该企业当年应纳税所得额 50% 以上；甲公司可以在 5 个纳税年度的期间内，均匀计入各年度的应纳税所得额。

拓展

特殊性税务处理的方法	债务重组业务	企业债务重组确认的应纳税所得额占该企业当年应纳税所得额 50% 以上，可以在 5 个纳税年度的期间内，均匀计入各年度的应纳税所得额。 企业发生债转股业务，对债务清偿和股权投资两项业务暂不确认有关债务清偿所得或损失，股权投资的计税基础以原债权的计税基础确定，其他相关所得税事项保持不变
	股权收购业务	收购企业购买的股权不低于<u>被收购企业全部股权的 50%</u>，且收购企业在该股权收购发生时的股权支付金额不低于其<u>交易支付总额的 85%</u>，可以选择： （1）被收购企业股东取得收购企业股权计税基础，以<u>被收购股权原有计税基础</u>确定。 （2）收购企业取得被收购企业股权的计税基础，以被收购股权的<u>原有计税基础</u>确定。 （3）收购企业、被收购企业原有各项资产和负债的计税基础和其他所得税事项不变
	资产收购业务	受让企业收购的资产不低于<u>转让企业全部资产的 50%</u>，且受让企业在该资产收购发生时的股权支付金额不低于其<u>交易支付总额的 85%</u>，可以选择： （1）转让企业取得受让企业股权的计税基础以被转让资产的原有计税基础确定。 （2）受让企业取得转让企业资产的计税基础以被转让资产的原有计税基础确定
	企业合并	企业股东在该企业合并发生时取得的股权支付金额不低于其<u>交易支付总额的 85%</u>，以及同一控制下且不需要支付对价的企业合并，可以选择： （1）合并企业接受被合并企业资产负债计税基础，以被合并企业原有计税基础确定。 （2）被合并企业合并前的相关所得税事项由合并企业承继。 （3）<u>可由合并企业弥补的被合并企业亏损的限额</u> = 被合并企业净资产公允价值 × 截至合并业务发生当年年末国家发行的最长期限的国债利率。（限额弥补） 企业股东在该企业合并发生时取得的股权支付金额不低于其<u>交易支付总额的 85%</u>，以及同一控制下且不需要支付对价的企业合并，可以选择：

续表

特殊性税务处理的方法	企业合并	（1）合并企业接受被合并企业资产负债计税基础，以被合并企业原有计税基础确定。 （2）被合并企业合并前的相关所得税事项由合并企业承继。 （3）可由合并企业弥补的被合并企业亏损的限额＝被合并企业净资产公允价值×截至合并业务发生当年年末国家发行的最长期限的国债利率。（限额弥补） 特别提示：一般性税务处理时，被合并企业的亏损不得在合并企业结转弥补。 （4）被合并企业股东取得合并企业股权的计税基础，以其原持有的被合并企业股权的计税基础确定
	企业分立	被分立企业所有股东按原持股比例取得分立企业的股权，分立企业和被分立企业均不改变原来的实质经营活动，且被分立企业股东在该企业分立发生时取得的股权支付金额不低于其交易支付总额的85%，可以选择： （1）分立企业接受被分立企业资产负债计税基础，以被分立企业原有计税基础确定。 （2）被分立企业已分立出去资产相应的所得税事项由分立企业承继。 （3）被分立企业未超过法定弥补期限的亏损额可按分立资产占全部资产的比例进行分配，由分立企业继续弥补。 特别提示：一般性税务处理时，企业分立相关企业的亏损不得相互结转弥补。 （4）被分立企业的股东取得分立企业的股权（"新股"），如需部分或全部放弃原持有的被分立企业的股权（"旧股"），"新股"的计税基础应以放弃"旧股"的计税基础确定。如不需放弃"旧股"，则其取得"新股"的计税基础可从以下两种方法中选择确定：直接将"新股"的计税基础确定为零；或者以被分立企业分立出去的净资产占被分立企业全部净资产的比例先调减原持有的"旧股"的计税基础，再将调减的计税基础平均分配到"新股"上
	股权、资产划转	对100%直接控制的居民企业之间，以及受同一或相同多家居民企业100%直接控制的居民企业之间按账面净值划转股权或资产，凡具有合理商业目的、不以减少、免除或者推迟缴纳税款为主要目的，股权或资产划转后连续12个月内不改变被划转股权或资产原来实质性经营活动，且划出方企业和划入方企业均未在会计上确认损益，可以选择：

续表

特殊性税务处理的方法	股权、资产划转	(1) 划出方企业和划入方企业均不确认所得。 (2) 划入方企业取得被划转股权或资产计税基础以被划转股权或资产原账面净值确定。 (3) 划入方企业取得的被划转资产，应按其原账面净值计算折旧扣除

特别提示：以上交易中非股权支付仍应在交易当期确认相应的资产转让所得或损失，并调整相应资产的计税基础；非股权支付对应的资产转让所得或损失 =（被转让资产的公允价值 − 被转让资产的计税基础）×（非股权支付金额/被转让资产的公允价值）

【简答题】甲公司主营业务为设备制造，2022年6月购进2台生产设备取得增值税专票注明的金额分别为300万元和600万元，并于当月投入生产使用，2台设备企业所得税法规定的最低折旧年限均为10年。

（1）若该公司不符合中小微企业条件，2台生产设备支出能否适用加速折旧税前扣除政策，请简述理由。

【答案】

300万元的设备，可以一次性税前扣除；600万元的设备，可以缩短折旧年限或采取加速折旧的方法。

理由：企业在2018年1月1日至2027年12月31日新购进的设备、器具，单位价值不超过500万元的，允许一次性计入当期成本费用在计算应纳税所得额时扣除，不再分年度计算折旧。超过500万元的，可缩短折旧年限或采取加速折旧的方法。

（2）若该公司符合中小微企业条件，简述2台设备支出可适用加速折旧税前扣除政策。

【答案】300万元的设备，可以一次性税前扣除；600万元的设备，单位价值的50%可在当年一次性税前扣除，其余50%按规定在剩余年度计算折旧进行税前扣除。

（3）若该公司一直从2022年起开始出现六年连续亏损，分析新购置设备支出应选择怎样的折旧方法更能节约税收？并简述理由。

【答案】连续亏损可以选择不享受加速折旧，按10年正常计提折旧扣除。

理由：中小微企业在2022年1月1日至2022年12月31日期间新购置的设备、器具，单位价值在500万元以上的，按照单位价值的一定比例自愿选择在企业所得税税前扣除。其中，企业所得税法实施条例规定最低折旧年限为3年的设备器具，单位价值的100%可在当年一次性税前扣除；最低折旧年限为4年、5年、10年的，单位价值的50%可在当年一次性税前扣除，其余50%按规定在剩余年度计算折旧进行税前扣除。

【简答题】甲设备制造厂（增值税一般纳税人），2023年6月以自产设备投资另一家公司，该设备的不含税公允价值为2000000元，账面成本为1400000元，当年甲厂的应纳税所得额为 5000000 元。

要求：依次简要回答下列问题，假设不考虑除增值税以外的其他税费。

（1）简述对甲设备制造厂此项投资业务的会计处理。

【答案】
借：长期股权投资　　　　　　　　　　　　　　　　　2260000
　　贷：主营业务收入　　　　　　　　　　　　　　　2000000
　　　　应交税费——应交增值税（销项税额）　　　　 260000
借：主营业务成本　　　　　　　　　　　　　　　　　1400000
　　贷：库存商品　　　　　　　　　　　　　　　　　1400000

（2）甲设备制造厂对此项投资业务确认的所得，选择递延缴纳企业所得税，简述其税务处理，计算此项投资股权计税基础的金额。

【答案】居民企业以非货币性资产对外投资确认的非货币性资产转让所得，可在不超过5年期限内，分期均匀计入相应年度的应纳税所得额，按规定计算缴纳企业所得税。

2023年投资时的计税基础应该为设备的原计税基础 1400000 + 260000 元，之后加上每年确认的非货币性资产转让所得（2000000 - 1400000）/5 = 120000 元，逐年调整计税基础。

（3）如果甲设备制造厂选择递延缴纳企业所得税，被投资公司取得该设备的计税基础如何确定？

【答案】被投资企业应该以公允价值 2000000 元作为计税基础。

（4）如果甲设备制造厂选择递延缴纳企业所得税后，第2年将该项投资转让，简述企业所得税的处理方法。

【答案】企业在对外投资5年内转让上述股权或收回投资的，应停止执行递延纳税政策，并就递延期内尚未确认的非货币性资产转让所得，在转让股权或投资收回当年的企业所得税年度汇算清缴时，一次性计算缴纳企业所得税。

甲设备制造厂选择递延缴纳企业所得税后，第2年将该项投资转让，应该停止递延，一次性确认所得 = 2000000 -（1400000 + 120000）= 480000 元。

拓展　非货币性资产对外投资的税务处理

适用范围	查账征收的居民企业（投资企业和被投资企业都应为居民企业，非居民企业、核定征收企业不适用）
税务处理方法	企业以非货币性资产对外投资确认的非货币性资产转让所得，可在不超过5年期限内，分期均匀计入相应年度的应纳税所得额，按规定计算缴纳企业所得税。
递延期的规定	自确认非货币性资产转让收入年度起不超过连续5个纳税年度的期间内。
非货币性资产转让所得	货币性资产转让所得 = 公允价值 - 计税基础 投资方：非货币性资产投资取得股权的计税基础以非货币性资产的原计税成本加上每年确认的非货币性资产转让所得，逐年进行调整。(匹配原则，随转让所得分年确认，股权计税基础同时逐年调整)

续表	
停止递延规定	（具备缴纳税款的能力） 5年内转让或投资收回非货币性资产投资取得的股权，应停止执行递延纳税政策，并就递延期内尚未确认的非货币性资产转让所得，在转让股权或投资收回当年的企业所得税年度汇算清缴时，一次性计算缴纳企业所得税；企业在计算股权转让所得时，将股权计税基础一次调整到位

【综合分析题】某县一生产企业为增值税一般纳税人，2023年企业自行核算的利润表账户数据如下：主营业务收入7500万元，主营业务成本5200万元，其他业务收入350万元，税金及附加340万元，销售费用860万元，管理费用980万元，财务费用80万元，营业外收入120万元，营业外支出75万元。本年累计实际已缴纳的所得税额为71万元。

2024年年初，该企业聘请一税务师事务所对其2022年度企业所得税汇算清缴进行审核。

税务师在对相关资料进行审核时，发现如下几个问题：

（1）该企业4月接受客户捐赠材料一批，取得对方开具的增值税专用发票上注明金额20万元，税额2.6万元。企业账务处理如下：

借：原材料　　　　　　　　　　　　　　　　　　　　200000
　　应交税费——应交增值税（进项税额）　　　　　　 26000
　　贷：资本公积　　　　　　　　　　　　　　　　　　226000

（2）该企业5月将生产的一批产品用于换取原材料，取得对方开具发票上注明金额为50万元，税额为6.5万元。该批产品的账面成本为35万元，不含税市场销售价格为50万元，企业账务处理如下：

借：原材料　　　　　　　　　　　　　　　　　　　　500000
　　应交税费——应交增值税（进项税额）　　　　　　 65000
　　贷：应付账款　　　　　　　　　　　　　　　　　　215000
　　　　库存商品　　　　　　　　　　　　　　　　　　350000

（3）该企业9月购置《节能节水专用设备企业所得税优惠目录》规定的节能节水专用设备，取得增值税专用发票，注明金额为80万元，进项税额为10.4万元，当月投入使用，该企业会计上按直线法计提折旧，折旧期限为5年，净残值为0。假定该设备税法上选择一次性计入当期成本费用扣除。

（4）该企业12月将生产的一批产品销售给关联企业，该批产品的账面成本为75万元，不含税市场销售价格为100万元。该企业未做相关账务处理。

（5）该企业一栋闲置厂房，未核算并申报缴纳房产税和城镇土地使用税，该厂房占地1200m^2，原值为850万元，已提取折旧600万元。

（6）该企业实际发生并取得合法票据的"业务招待费"为60万元、广告费和业务宣传费为290万元。截止到上年累计结转未抵扣的广告费150万元。

(7) 该企业"营业外支出"中包含被市场监督管理部门处以的罚款 36 万元、支付给供货方的合同违约金 12 万元。

(其他相关资料：该企业计算房产原值的扣除比例为 30%，城镇土地使用税适用税额为 30 元/m²，城市维护建设税税率为 5%，教育费附加征收率为 3%，不考虑地方教育附加)

假定该企业 2023 年度其他业务处理正确，根据上述资料回答下列问题。

(1) 根据所列资料，指出其会计核算的错误之处，计算该企业 2023 年度应补缴的增值税、城市维护建设税及教育费附加、房产税、城镇土地使用税的金额。

【答案】以下属于会计差错更正

业务 (1)，少记营业外收入 226000 元。

业务 (2)，少记主营业务收入 500000 元，少记主营业务成本 350000 元，少记增值税销项税额 65000 元。

业务 (4)，少记主营业务收入 1000000 元，少记主营业务成本 750000 元，少记增值税销项税额 130000 元。

该企业应补缴的增值税 = 65000 + 130000 = 195000 元

该企业应补缴的城市维护建设税及教育费附加 = 195000 × (5% + 3%) = 15600 元

业务 (5)，未申报房产税和城镇土地使用税，少记税金及附加。

该闲置厂房在 2023 年度应缴纳的房产税 = 8500000 × (1 - 30%) × 1.2% = 71400 元

该闲置厂房在 2023 年度应缴纳的城镇土地使用税 = 1200 × 30 = 36000 元

(2) 说明企业 2023 年度纳税调整处理，并计算出该企业 2022 年度利润总额、应纳税所得额、应补（退）所得税额。

【答案】以下属于纳税调整

业务 (3)，该节能节水专用设备在 2022 年度会计上计提的折旧费用 = 800000/5/12 × 3 = 40000 元；税法可一次性计入当期成本费用扣除。

应调减应纳税所得额 = 800000 - 40000 = 760000 元

业务 (6)，根据上述资料可知，该企业 2022 年度销售（营业）收入 = 75000000 + 3500000 + 500000 + 1000000 = 80000000 元。

① 业务招待费支出 600000 元。

发生额的 60% = 600000 × 60% = 360000 元

销售（营业）收入的 5‰ = 80000000 × 0.5% = 400000 元，允许税前扣除的金额应为 360000 元，应调增应纳税所得额 = 600000 - 360000 = 240000 元。

② 广告费和业务宣传费支出为 2900000 元。

允许在当年企业所得税税前扣除的限额 = 80000000 × 15% = 12000000 元，当年的广告费支出 2900000 元可以全额扣除，截止到上年累计结转未抵扣的广告费 1500000 元也可以全额扣除，应调减应纳税所得额为 1500000 元。

业务 (7)，被工商部门处以的罚款 360000 元，不得在企业所得税税前扣除，应调增应纳税所得额为 360000 元；支付给供货方的合同违约金 120000 元可以在企业所得税税前扣除，无须进行纳税调整。

该企业在2023年度正确的利润总额=（75000000+500000+1000000）主营业务收入+3500000 其他业务收入-（52000000+350000+750000）主营业务成本-（3400000+15600+71400+36000）税金及附加-8600000 销售费用-9800000 管理费用-800000 财务费用+（1200000+226000）营业外收入-750000 营业外支出=4853000 元

该企业在2023年度应纳税所得额=4853000 会计利润+（240000+360000）纳税调增-（760000+1500000）纳税调减=3193000 元

因此，该企业在2023年度应补（退）所得税额=3193000×25%-800000×10%（设备抵税）-710000（预缴税款）=8250 元。

（3）根据所列资料填列企业所得税年度纳税申报表、纳税调整项目明细表、广告费和业务宣传费跨年度纳税调整明细表。

A100000 企业所得税年度纳税申报主表（部分）（A 类）

类别	项目	金额
利润总额计算	一、营业收入（填写 101010\101020\103000）	
	减：营业成本（填写 102010\102020\103000）	
	减：税金及附加	
	减：销售费用（填写 A104000）	
	减：管理费用（填写 A104000）	
	减：财务费用（填写 A104000）	
	减：资产减值损失	
	加：公允价值变动收益	
	加：投资收益	
	二、营业利润	
	加：营业外收入（填写 A101010\101020\103000）	
	减：营业外支出（填写 A102010\102020\103000）	
利润总额计算	三、利润总额	
应纳税所得额计算	减：境外所得（填写 A108010）	
	加：纳税调整增加额（填写 A105000）	
	减：纳税调整减少额（填写 A105000）	
	减：免税、减计收入及加计扣除	
	加：境外应税所得抵减境内亏损（填写 A108000）	
	四、纳税调整后所得	
	减：所得减免（填写 A107020）	

续表

类别	项目	金额
应纳税所得额计算	减：弥补以前年度亏损（填写A106000）	
	减：抵扣应纳税所得额（填写A107030）	
	五、应纳税所得额	
应纳税额计算	税率（25%）	
	六、应纳所得税额	
	减：减免所得税额	
	减：抵免所得税额（填写A107050）	
	七、应纳税额	
	加：境外所得应纳所得税额（填写A108000）	
	减：境外所得抵免所得税额（填写A108000）	
	八、实际应纳所得税额	
	减：本年累计实际已缴纳的所得税额	
	九、本年应补（退）所得税额	
	其中：总机构分摊本年应补（退）所得税额（填写A109000）	
	财政集中分配本年应补（退）所得税额（填写A109000）	
	总机构主体生产经营部门分摊本年应补（退）所得税额（填写A109000）	
	减：民族自治地区企业所得税地方分享部分：（□免征□减征：减征幅度%）	
	十、本年实际应补（退）所得税额	

A105000 纳税调整项目明细表（部分）

行次	项目	广告费和业务宣传费 1	保险企业手续费及佣金支出 2
1	一、本年支出		
2	减：不允许扣除的支出		
3	二、本年符合条件的支出（1－2）		
4	三、本年计算扣除限额的基数		

续表

行次	项目	广告费和业务宣传费 1	保险企业手续费及佣金支出 2
5	乘：税收规定扣除率		
6	四、本企业计算的扣除限额（4×5）		
7	五、本年结转以后年度扣除额（3＞6，本行＝3－6；3≤6，本行＝0）		
8	加：以前年度累计结转扣除额		
9	减：本年扣除的以前年度结转额 [3＞6，本行＝0；3≤6，本行＝8与（6－3）孰小值]		
10	六、按照分摊协议归集至其他关联方的金额（10≤3与6孰小值）		
11	按照分摊协议从其他关联方归集至本企业的金额		
12	七、本年支出纳税调整金额（3＞6，本行＝2＋3－6＋10－11；3≤6，本行＝2＋10－11－9）		
13	八、累计结转以后年度扣除额（7＋8－9）		

【答案】

A100000 企业所得税年度纳税申报主表（部分）（A类）

类别	项目	金额
利润总额计算	一、营业收入（填写 A101010＼101020＼103000）	80000000（75000000＋3500000＋业务2：500000＋业务4：1000000）
利润总额计算	减：营业成本（填写 A102010＼102020＼103000）	53100000（52000000＋业务2：350000＋业务4：750000）
利润总额计算	减：税金及附加	3523000 [3400000＋业务5：8500000×（1－30%）×1.2%＋1200×30＋业务1、2、4应补缴的城市维护建设税及教育费附加 195000×（5%＋3%）]
	减：销售费用（填写 A104000）	8600000

续表

类别	项目	金额
利润总额计算	减：管理费用（填写A104000）	9800000
	减：财务费用（填写A104000）	800000
	减：资产减值损失	
	加：公允价值变动收益	
	加：投资收益	
	二、营业利润	4177000
	加：营业外收入（填写A101010\101020\103000）	1426000［1200000＋业务1：漏记营业外收入226000（价税合计数）］
	减：营业外支出（填写A102010\102020\103000）	750000
利润总额计算	三、利润总额（10＋11－12）	4853000
应纳税所得额计算	减：境外所得（填写A108010）	
	加：纳税调整增加额（填写A105000）	600000［纳税调增≈多交税，少扣除、多收入，业务6：业务招待费调增240000＋业务7：市场监管部门罚款调增360000］
	减：纳税调整减少额（填写A105000）	2260000［纳税调减≈少交税，多扣除、少收入，业务3：节能节水专用设备调减800000－40000＋业务6：结转未抵扣的广告费1500000］
	减：免税、减计收入及加计扣除	
	加：境外应税所得抵减境内亏损（填写A108000）	
应纳税所得额计算	四、纳税调整后所得	3193000
	减：所得减免（填写A107020）	
	减：弥补以前年度亏损（填写A106000）	
	减：抵扣应纳税所得额（填写A107030）	
	五、应纳税所得额	3193000
应纳税额计算	税率（25%）	25%
	六、应纳所得税额	798250
	减：减免所得税额	

85

续表

类别	项目	金额
应纳税额计算	减：抵免所得税额（填写A107050）	80000（业务3：800000×10%）
	七、应纳税额	718250
	加：境外所得应纳所得税额（填写A108000）	
	减：境外所得抵免所得税额（填写A108000）	
	八、实际应纳所得税额	
	减：本年累计实际已缴纳的所得税额	710000
	九、本年应补（退）所得税额	8250
	其中：总机构分摊本年应补（退）所得税额（填写A109000）	
	财政集中分配本年应补（退）所得税额（填写A109000）	
	总机构主体生产经营部门分摊本年应补（退）所得税额（填写A109000）	
	减：民族自治地区企业所得税地方分享部分：（□免征□减征；减征幅度%）	
	十、本年实际应补（退）所得税额	8250

A105000 纳税调整项目明细表（部分）

行次	项目	广告费和业务宣传费	保险企业手续费及佣金支出
		1	2
1	一、本年支出	2900000	
2	减：不允许扣除的支出	0	
3	二、本年符合条件的支出（1-2）	2900000	
4	三、本年计算扣除限额的基数	80000000	
5	乘：税收规定扣除率	15%	
6	四、本企业计算的扣除限额（4×5）	12000000	
7	五、本年结转以后年度扣除额（3＞6，本行=3-6；3≤6，本行=0）	0	
8	加：以前年度累计结转扣除额	1500000	

续表

行次	项目	广告费和业务宣传费 1	保险企业手续费及佣金支出 2
9	减：本年扣除的以前年度结转额〔3＞6，本行＝0；3≤6，本行＝8与（6－3）孰小值〕	1500000	
10	六、按照分摊协议归集至其他关联方的金额（10≤3与6孰小值）		*
11	按照分摊协议从其他关联方归集至本企业的金额		*
12	七、本年支出纳税调整金额（3＞6，本行＝2＋3－6＋10－11；3≤6，本行＝2＋10－11－9）	－1500000	
13	八、累计结转以后年度扣除额（7＋8－9）	0	

【综合题】甲电器制造公司，位于某市，为增值税一般纳税人（适用增值税税率为13%），属于高新技术企业。企业财务人员编制2023年第三季度"利润表"（摘要）如下：

项目	2023年第三季度
一、营业总收入	52911200
其中：营业收入	52911200
二、营业总成本	43200000
其中：营业成本	33800000
税金及附加	320000
销售费用	2560000
管理费用（含研发费用）	6150000
财务费用	370000
加：其他收益	179000
投资收益	102000
其中：对联营企业和合营企业的投资收益	102000
资产处置收益	28800

续表

项目	2023 年第三季度
三、营业利润	9809800
加：营业外收入	0
四、利润总额	10021000

截至 2023 年 3 季度会计核算及其他相关资料，如下：

(1) 个人购买甲公司自产家电时以当地政府发放的"家电消费券"抵付部分家电款，按抵付后的实收金额向购买人开具发票，并以实际收取的款项计算销售额计入"主营业务收入"计算税费。并于 9 月 15 日将收取的"家电消费券"全部向当地财政部门兑付，共收款 179000 元，企业作为收到财政补助处理。

会计处理：

借：银行存款　　　　　　　　　　　　　　　　　　　　179000
　　贷：其他收益　　　　　　　　　　　　　　　　　　　179000

(2) 7 月 18 日，购置一台新产品研发仪器，取得增值税专用发票注明金额 1200000 元，税额 156000 元。

会计处理。

a. 购置时：

借：固定资产　　　　　　　　　　　　　　　　　　　1200000
　　应交税费——应交增值税（进项税额）　　　　　　 156000
　　贷：银行存款　　　　　　　　　　　　　　　　　　1356000

b. 8 月计提折旧：

借：研发支出——费用化支出　　　　　　　　　　　　　20000
　　贷：累计折旧　　　　　　　　　　　　　　　　　　 20000

c. 9 月计提折旧：

借：研发支出——费用化支出　　　　　　　　　　　　　20000
　　贷：累计折旧　　　　　　　　　　　　　　　　　　 20000

(3) 7 月 28 日，从投资的子公司取得分红款 102000 元，会计上采取成本法核算。

会计处理：

借：银行存款　　　　　　　　　　　　　　　　　　　　102000
　　贷：投资收益　　　　　　　　　　　　　　　　　　 102000

(4) 8 月 25 日，当月申请的增量留抵退税，经主管税务机关核准，取得退税款 600000 元。

会计处理：

a. 申请留抵退税：

借：主营业务成本　　　　　　　　　　　　　　　　　　600000
　　贷：应交税费——应交增值税（进项税额转出）　　　 600000

b. 取得退税款：

借：银行存款　　　　　　　　　　　　　　　　　　600000
　　贷：其他应付款　　　　　　　　　　　　　　　　　　600000

(5) 9月20日将一台生产设备出售，收取价款92700元，因购买方为个人，未开具发票。该设备2018年5月购入并投入使用。购进取得增值税专用发票中注明金额178800元，税款28608元，进项税额于投入使用当月抵扣，截至2023年9月，累计已提折旧116700元，会计处理如下。

a. 设备出售：

借：银行存款　　　　　　　　　　　　　　　　　　92700
　　累计折旧　　　　　　　　　　　　　　　　　　116700
　　贷：固定资产　　　　　　　　　　　　　　　　　　178800
　　　　应交税费——简易计税　　　　　　　　　　　　1800
　　　　固定资产清理　　　　　　　　　　　　　　　　28800

b. 结转收益：

借：固定资产清理　　　　　　　　　　　　　　　　28800
　　贷：资产处置损益　　　　　　　　　　　　　　　　28800

(6) 9月30日，出售研发新品过程中形成的下脚料和残次品收款211200元，未开发票。

会计处理：

借：银行存款　　　　　　　　　　　　　　　　　　211200
　　贷：其他业务收入　　　　　　　　　　　　　　　　211200

(7) 其他业务信息：

a. 截至第三季度，计入管理费用或销售费用的业务招待费共300000元。

b. 会计核算"研发支出"3560000元，均属于符合规定研发新产品的费用化支出，且其他相关费用未超过可加计扣除研发费用总额10%，企业选择在第三季度预缴企业所得税时加计扣除。

c. 2023年9月份，会计核算"应交税费——应交增值税（转出未交增值税）"170000元，"应交税费——简易计税"1800元，未超过8月退还的增值税。

d. 9月未计提城建税金及附加。

要求：根据以上资料依次回答下列问题。

(1) 逐笔分析第1-6项的会计处理是否准确，是否影响应纳增值税额？若影响，请列式计算影响的增值税金额；对于会计处理错误的，以"综合账务调整法"作出当期调账分录（用本年利润替代损益科目）。

【答案】

① 业务（1）的会计处理不准确，影响应纳增值税额。

影响的应交增值税金额 = 179000/（1+13%）×13% = 20592.92元

调账分录：

借：本年利润——其他收益　　　　　　　　　　　　　　　　　　179000
　　贷：本年利润——主营业务收入　　　　　　　　　　　　　　158407.08
　　贷：应交税费——应交增值税（销项税额）　　　　　　　　　20592.92

②业务（2）的会计处理准确，不会影响应纳增值税额。

业务（2）购置设备和计提折旧的会计处理正确，但是结合第7项业务的提示，该研发属于费用化阶段，月末需要将费用化研发支出结转至管理费用。业务（7），会计核算"研发支出"3560000元已结转至管理费用科目。

③业务（3）的会计处理准确，不会影响应纳增值税额。

④业务（4）的会计处理不准确，不会影响应纳增值税额。

调账分录：

借：其他应付款　　　　　　　　　　　　　　　　　　　　　　　600000
　　贷：本年利润——主营业务成本　　　　　　　　　　　　　　600000

⑤业务（5）的会计处理不准确，会影响应纳增值税额。影响的应交增值税金额＝92700/（1＋13%）×13%－1800＝10664.60－1800＝8864.6元。

调账分录：

借：应交税费——简易计税　　　　　　　　　　　　　　　　　　1800
　　本年利润——资产处置损益　　　　　　　　　　　　　　　　8864.6
　　贷：应交税费——应交增值税（销项税额）　　　　　　　　　10664.6

⑥业务（6）的会计处理不准确，会影响应纳增值税额。影响的应交增值税金额＝211200/（1＋13%）×13%＝24297.35元。

调账分录：

借：本年利润——其他业务收入　　　　　　　　　　　　　　　　24297.35
　　贷：应交税费——应交增值税（销项税额）　　　　　　　　　24297.35

会计核算中，该下脚料和残次品收入可以计入其他业务收入，无须调整。企业取得研发过程中形成的下脚料、残次品、中间试制品等特殊收入，在计算确认收入当年的加计扣除研发费用时，应从已归集的研发费用中扣减该特殊收入，不足扣减的，加计扣除研发费用按零计算。所以下脚料的不含税收入在税法中应冲减研发支出。

（2）公司发生的业务招待费纳税调整，是否应该在第三季度企业所得税预缴申报时填报？审核补缴的增值税是否应同时补缴城市维护建设税、教育费附加和地方教育附加？

【答案】

①业务招待费的当期超支问题无须在预缴申报时进行纳税调整，不在第三季度企业所得税预缴申报时填报。

②补缴增值税时无须同时补缴城市维护建设税、教育费附加和地方教育附加。

留抵退税额仅允许在按照增值税一般计税方法确定的城建税计税依据中扣除。当期未扣除完的余额，在以后纳税申报期按规定继续扣除。业务（4）8月25日税务机关核准退还的增量留抵税额600000元，可以抵减一般计税方法170000元，抵减之后9月无须纳税，所以企业9月份未计提城市维护建设税及附加，无须进行调整，剩余未扣除完的留抵退税额为

430000元。同时，一般计税方法补缴的增值税小于未扣除完的留抵退税额，无须补缴城市维护建设税及附加。

一般计税方法确定需要补缴的增值税 = 20592.92 + 10664.60 + 24297.35 = 55554.87 元

简易计税方法确定多缴的增值税 = 1800 元

（3）若公司对新购置的测试仪器选择最优惠的加速折旧政策，请结合上述会计资料填报2023年度该企业第三季度预缴企业所得税申报表（摘要）。

	预缴税款计算	本年累计金额
1	营业收入	
2	营业成本	
3	利润总额	
4	加：特定业务计算的应纳税所得额	
5	减：不征税收入	
6	减：资产加速折旧、摊销（扣除）调减额（填A201020）	
7	减：免税收入、减计收入、加计扣除（7.1+7.2+…）	
7.1	（填写优惠事项名称）	
7.2	（填写优惠事项名称）	
8	减：所得减免（8.1+8.2+…）	
8.1	（填写优惠事项名称）	
8.2	（填写优惠事项名称）	
9	减：弥补以前年度亏损	
10	实际利润额（3+4-5-6-7-8-9）：按照上一纳税年度应纳税所得额平均额确定的应纳税所得额	
11	税率（25%）	
12	应纳所得税额（10×11）	
13	减：减免所得税额（13.1+13.2+…）	
13.1	（填写优惠事项名称）	
13.2	（填写优惠事项名称）	
14	减：实际已缴纳所得税额	
15	减：特定业务预缴（征）所得税额	
16	本期应补（退）所得税额（12-13-14-15）/税务机关确定的本期应纳所得税额	

【答案】 月（季）度预缴申报表（摘要）

	预缴税款计算	本年累计金额
1	营业收入	52858407.08
2	营业成本	33200000
3	利润总额	10567245.13
4	加：特定业务计算的应纳税所得额	
5	减：不征税收入	
6	减：资产加速折旧、摊销（扣除）调减额（填 A201020）	1160000
7	减：免税收入、减计收入、加计扣除（7.1+7.2+…）	4635097.35
7.1	（填写优惠事项名称）	102000
7.2	（填写优惠事项名称）	4533097.35
8	减：所得减免（8.1+8.2+…）	
8.1	（填写优惠事项名称）	
8.2	（填写优惠事项名称）	
9	减：弥补以前年度亏损	
10	实际利润额（3+4-5-6-7-8-9）：按照上一纳税年度应纳税所得额平均额确定的应纳税所得额	4772147.78
11	税率（25%）	25%
12	应纳所得税额（10×11）	1193036.95
13	减：减免所得税额（13.1+13.2+…）	477214.78
13.1	（填写优惠事项名称）	
13.2	（填写优惠事项名称）	
14	减：实际已缴纳所得税额	
15	减：特定业务预缴（征）所得税额	
16	本期应补（退）所得税额（12-13-14-15）/税务机关确定的本期应纳所得税额	715822.17

【填表说明】

营业收入=52700000+158407.08［业务（1）增加的营业收入］-24297.35［业务（6）减少的其他业务收入］=52858407.08元

营业成本=33800000-600000［业务（4）留抵退税错账增加的成本］=33200000元

利润总额=10021000.00-179000［业务（1）减少的其他收益］+158407.08［业务（1）增加的营业收入］-24297.35［业务（6）减少的其他业务收入］+600000［业务（4）留抵退税错账增加的成本］-8864.6［业务（5）减少的资产处置损益］=10567245.13元

资产加速折旧、摊销（扣除）调减额＝1200000－40000＝1160000 元

免税收入、减计收入、加计扣除＝102000（成本法核算的投资收益）＋3560000（研发支出）＋1160000［业务（2）研发用固定资产折旧调整］－186902.65（出售残次品的收入）＝4635097.35 元

企业取得研发过程中形成的下脚料、残次品、中间试制品等特殊收入，扣除增值税后，税法冲减研发支出，加计扣除的金额减少 211200/（1＋13%）＝186902.65 元；业务（2）会计折旧费用计入研发支出 40000 元，税法可以加计扣除的研发支出为 1200000 元，差额部分 1160000 元需要调整研发费用加计扣除的基数。

实际利润额＝10567245.13－1160000－4635097.35＝4772147.78 元
应纳所得税额＝4772147.78×25%＝1193036.95 元
减免所得税额＝4772147.78×10%＝477214.78 元
本期应补（退）所得税额＝1193036.95－477214.78＝715822.17 元

【综合题】 甲公司成立于 2022 年 7 月（属于一般纳税人），增值税按月申报缴纳，主营饮品制作和销售，产品销售以门店直销和网络平台销售为主，所有产品适用 13% 增值税税率。

2023 年度部分生产经营信息如下：

资料一：甲公司在门店推出饮品卡充值优惠活动，充值满 1000 元，全店购物 8 折，该折扣无截止日期，但不可与其他优惠叠加。已知该饮品卡属于单用途卡，假如某消费者于 2023 年 12 月 10 日充值 1000 元，截至月末，在甲公司门店持卡购买了标价为 300 元的 A 饮品和 B 饮品，累计消费 240 元。

资料二：甲公司门店直销饮品，在每天 17 点之后推出买一赠一活动，购买饮品赠送小礼品，即每支付 15 元购买一个标价为 15 元的饮品，可获赠一个标价为 5 元的小礼品。门店将上述饮品和礼品都开在同一张发票上，且在金额栏分别注明饮品金额 15 元，礼品金额 5 元，折扣额 5 元。（上述均为含税金额）

资料三：甲公司将一台闲置生产设备（2022 年购入）出租，租期为 12 个月，租金 12 万元（含税金额）。租赁期为 2023 年 12 月 1 日至 2024 年 11 月 30 日，合同约定租金在租赁期开始之前一次性预付。甲公司于 2023 年 11 月 28 日收到全部租金。

资料四：甲公司于 2023 年度投资 500 万元购买乙公司（境内居民企业非上市公司）10% 股权，2023 年确认了两笔投资收益：

第一笔为 2023 年 3 月，乙公司宣告分配股息 30 万并于当月收到；

第二笔为 2023 年 12 月，甲公司以 350 万元价款转让乙公司 5% 股权，甲公司确认投资收益 100 万元。

资料五：甲公司 2023 年 12 月售出饮料制作模具 50 套，每套 200 元，共收款 1 万元。已知模具成本为 140 元每套，该销售承诺三日内无条件退货。12 月末，尚未收到退货申请，甲公司根据经验，估计退货率为 10%。

会计处理：

借：银行存款　　　　　　　　　　　　　　　　　　　10000
　　贷：主营业务收入　　　　　　　　　　　　　　　　　　　7964.6

应交税费——应交增值税（销项税额）　　　　　　　　　　1035.4
　　预计负债——应付退货款　　　　　　　　　　　　　　　　1000

资料六：2023年6月对租入的门面房装修完毕并可使用，支付装修公司装修费用327000元，取得增值税专用发票注明税额27000元，甲公司将全部不含税装修费计入管理费用。

会计处理：

借：管理费用　　　　　　　　　　　　　　　　　　　　　300000
　　应交税费——应交增值税（进项税额）　　　　　　　　　27000
　　贷：银行存款　　　　　　　　　　　　　　　　　　　　　　327000

已知：装修工程改变了门面结构，装修后的剩余租赁期为2023年7月1日至2026年6月30日。

资料七：2023年10月，甲公司因管理不善导致一批奶油变质，本公司技术人员鉴定后通知财务部门将变质奶油成本转到待处理财产损益科目。

会计处理：

借：待处理财产损益
　　贷：原材料

已知该批奶油没有变价收入，已获保险赔偿。经公司负责人审批后，将账面成本扣除责任人赔偿后余额计入管理费用。

会计处理：

借：管理费用
　　其他应收款——责任人赔偿
　　贷：待处理财产损益

资料八：甲公司2023年度启动进行了一项新技术研发项目，该项目符合加计扣除的规定，甲公司按照会计准则对研发费用进行会计处理，并按照要求设置研发支出辅助账及汇总表。截至2023年年末，研发活动仍在进行中，研发活动预期不会形成无形资产。

要求：根据以上资料依次回答下列问题。需要计算的，列出计算过程，计算结果以元为单位，保留两位小数。

（1）根据资料一，对于该消费者的充值和消费行为，计算甲公司应缴纳的增值税销项税额。

【答案】

充值行为，甲公司不缴纳增值税。

消费行为，甲公司应纳增值税销项税额=240/（1+13%）×13%=27.61元。

（2）根据资料一，对于该消费者的充值和消费行为，计算甲公司2023年度企业所得税纳税申报时应确认的收入金额。

【答案】

充值行为，甲公司不缴纳企业所得税；

消费行为，甲公司应确认企业所得税收入金额=240/（1+13%）=212.39元。

(3) 根据资料二，计算甲公司在企业所得税纳税申报时应确认的收入金额。

【答案】

企业所得税应确认的收入金额 = 15/（1+13%） = 13.27 元

(4) 根据资料三，请问甲公司收到的租金应在何时办理增值税纳税申报，计算申报缴纳的增值税销项税额。

【答案】

增值税纳税申报起止日期为 2023 年 12 月 1 日至 2023 年 12 月 15 日。

增值税销项税额 = 120000/（1+13%）×13% = 13805.31 元

(5) 根据资料三，计算甲公司在 2023 年度企业所得税纳税申报时应确认的租金收入。

【答案】

根据规定，企业提供固定资产、包装物或者其他有形资产的使用权取得的租金收入，应按交易合同或协议规定的承租人应付租金的日期确认收入的实现。其中，如果交易合同或协议中规定租赁期限跨年度，且租金提前一次性支付的，根据规定的收入与费用配比原则，出租人可对已确认的收入，在租赁期内，分期均匀计入相关年度收入。

企业所得税确认租金收入 = 120000/（1+13%）/12 = 8849.56 元

(6) 根据资料四，请问第一笔投资收益是否应计入 2023 年度应纳税所得额缴纳企业所得税，并说明理由。

【答案】

第一笔投资收益不需要计入 2023 年度应纳税所得额缴纳企业所得税。

股息、红利等权益性投资收益，企业所得税按照被投资方作出利润分配决定的日期确认收入的实现。居民企业之间投资收益免税。

(7) 根据资料四，请问第二笔投资收益是否应缴纳增值税，并说明理由。

【答案】

不缴纳增值税。非上市企业未公开发行股票，其股权不属于有价证券，转让非上市公司股权不属于增值税征税范围；转让上市公司股权应按照"金融商品转让"征收增值税。

(8) 根据资料五，分析上述会计处理中增值税处理存在的问题，请写出正确的会计分录。（不考虑成本结转分录）

【答案】

增值税按扣除预估退货后的金额确认是错误的，应按照未扣除预估退货之前的金额计算确认增值税销项税。

借：银行存款　　　　　　　　　　　　　　　　　10000
　　贷：主营业务收入　　　　　　　　　　　　　7964.6
　　　　应交税费——应交增值税（销项税额）　　1150.44
　　　　预计负债——应付退货款　　　　　　　　884.96

(9) 根据资料五，请计算上述交易在 2023 年度企业所得税纳税申报时应确认的收入金额；甲公司应调增还是调减应纳税所得额，计算具体调整金额。

在纳税调整项目明细表（A105000）调整的项目相应行次进行填写。

A105000 纳税调整项目明细表

行次	项目	账载金额 1	税收金额 2	调整金额 3	调减金额 4
1	一、收入类调整项目（2+3+4+5+6+7+8+10+11）	*	*		
2	（一）视同销售收入（填写A105010）	*			*
3	（二）未按权责发生制原则确认的收入（填写A105020)				
4	（三）投资收益（填写A105030）				
5	（四）按权益法核算长期股权投资对初始投资成本调整确认收益	*	*	*	
6	（五）交易性金融资产初始投资调整	*	*		*
7	（六）公允价值变动净损益		*		
8	（七）不征税收入		*		
9	其中：专项用途财政性资金（填写A105040）		*		
10	（八）销售折扣、折让和退回				
11	（九）其他				

【答案】

企业所得税纳税申报时应确认的收入金额=10000/（1+13%）=8849.56元

甲公司应调增应纳税所得额。

调整金额=8849.56-7964.60=884.96元

A105000 纳税调整项目明细表

行次	项目	账载金额 1	税收金额 2	调整金额 3	调减金额 4
1	一、收入类调整项目（2+3+4+5+6+7+8+10+11）	*	*	884.96	
2	（一）视同销售收入（填写A105010）	*			*
3	（二）未按权责发生制原则确认的收入（填写A105020)				
4	（三）投资收益（填写A105030）				
5	（四）按权益法核算长期股权投资对初始投资成本调整确认收益	*	*	*	

续表

行次	项目	账载金额 1	税收金额 2	调整金额 3	调减金额 4
6	（五）交易性金融资产初始投资调整	*	*		*
7	（六）公允价值变动净损益		*		
8	（七）不征税收入		*		
9	其中：专项用途财政性资金（填写A105040）		*		
10	（八）销售折扣、折让和退回				
11	（九）其他	7964.60	8849.56	884.96	

（10）根据资料六，计算该项装修费在2023年度可以税前扣除的金额。

【答案】

2023年度税前扣除金额 = 300000/36 × 6 = 50000元

（11）根据资料六，针对甲公司会计处理，请问2023年度企业所得税纳税申报时纳税调整金额。

【答案】

应该调增应纳税所得额，调整的金额 = 300000 - 50000 = 250000元

（12）根据资料七，简述将变质奶油成本转待处理财产损益科目时的会计分录处理。分析甲公司的会计处理会导致多计还是少计当期应纳税所得额。

【答案】会计分录贷方应计入"应交税费——应交增值税（进项税额转出）"科目；甲公司的会计处理会导致多计当期应纳税所得额。

（13）根据资料七，甲公司税前扣除上述计入管理费用的项目应留存的材料证据有哪些？

【答案】公司税前扣除上述计入管理费用的项目应留存的材料证据有：

① 存货计税成本的确定依据；

② 企业内部关于存货报废、毁损、变质、残值情况说明及核销资料；

③ 涉及责任人赔偿的，应当有赔偿情况说明；

④ 该项损失数额较大的，应有专业技术鉴定意见或法定资质中介机构出具的专项报告等。（列出两种即可）

（14）根据资料八，在2023年度发生研发支出，甲公司可以按照实际发生额加计扣除的比例是多少？享受加计扣除是否需要提请税务机关审核批准。

【答案】加计扣除的比例为100%，研发费用加计扣除无须税务机关审核批准。

（15）根据资料八，甲公司技术人员同时从事研发活动和非研发活动的，如何确定其计入加计扣除基数的相关费用？

【答案】直接从事研发活动的人员同时从事非研发活动的，企业应对其人员活动情况做必要记录，并将其实际发生的相关费用按实际工时占比等合理方法在研发费用和生产经营费

用间分配，未分配的不得加计扣除。

（16）根据资料八，甲公司采购设备用于研发活动，该设备能否同时享受企业所得税的加速折旧和加计扣除政策。如可以享受，计入加计扣除的金额是按照会计核算的折旧还是按照税前扣除的折旧计算。

【答案】可以同时享受企业所得税的加速折旧和加计扣除政策，计入加计扣除的金额是按照税前扣除的折旧计算。

【综合题】甲公司位于A市，为增值税一般纳税人，主营建材制造。2023年度利润表（摘要）如下：

2023年1月1日—2023年12月31日　　　　　金额单位：元

行次	项目	金额
1	一、营业收入	33796250.79
2	减：营业成本	20584231.32
3	减：税金及附加	235767.50
4	减：销售费用	2077222.81
5	减：管理费用	5103016.49
6	减：财务费用	387251.46
7	减：资产减值损失	175620.37
8	加：公允价值变动收益	0
9	加：投资收益	294136.45
10	二、营业利润	5527277.29
11	加：营业外收入	1582868.77
12	减：营业外支出	1037496.39
13	三、会计利润	6072649.67

2023年度业务信息如下：（涉及金额的，单位为元，保留小数点后两位）

资料一：甲公司用工业废渣生产的砖瓦、砌块属于资源综合利用产品增值税优惠目录和资源综合利用企业所得税优惠目录范畴，可分别享受增值税即征即退70%的政策和企业所得税减计收入的优惠政策。已知2023年度该部分收入总计29055210.61元，即征即退增值税1016932.37元，已全部计入"营业外收入"。

资料二：2023年末甲公司对一批存货计提"存货跌价准备金"，对一台设备计提减值准备。

会计处理：

借：资产减值损失　　　　　　　　　　　　　　　　　　175620.37

　　贷：存货跌价准备　　　　　　　　　　　　　　　　　80620.37

　　　　固定资产资产减值　　　　　　　　　　　　　　　95000

已知该批存货和设备均尚未处置,亦未进行损失核销的会计处理。

资料三:2023年11月与乙公司签订房屋租赁合同,将一栋自有房产(2017年购入)出租给乙公司,合同约定租期一年,起租日为2023年12月1日,租金120000元(含税)于2023年12月1日一次性支付,甲公司如约收到租金并开具增值税专用发票。

会计处理:

借:银行存款　　　　　　　　　　　　　　　　　　　　　　　120000
　　贷:预收账款　　　　　　　　　　　　　　　　　　　　　110091.74
　　　　应交税费——应交增值税(销项税额)　　　　　　　　　9908.26
借:预收账款　　　　　　　　　　　　　　　　　　　　　　　9174.31
　　贷:其他业务收入——房屋租金收入　　　　　　　　　　　9174.31

资料四:2023年12月向某基金会(在财政税务部门公布的公益性社会团体名单之内)捐赠600000元用于资助养老机构。

会计处理:

借:营业外支出——公益性捐赠　　　　　　　　　　　　　　600000
　　贷:银行存款　　　　　　　　　　　　　　　　　　　　600000

附有基金会开具的由同级财政部门印制的公益性捐赠票据。

资料五:甲公司2023年度内各季初、季末从业人数未发生变化,甲公司建立劳动关系的职工人数267人,接受劳务派遣的人数为58人。另外,各季初、季末甲公司资产总额金额如下表所示。(金额单位:万元)

	第一季度	第二季度	第三季度	第四季度
季初资产总额	5010	5030	4980	4990
季末资产总额	5030	4980	4990	4998
季度平均	5020	5005	4985	4994

要求:根据以上资料依次回答下列问题。需要计算的,列出计算过程,计算结果以元为单位,保留两位小数。

(1)根据资料一,请问这部分即征即退的增值税是否应该缴纳企业所得税?

【答案】应缴纳企业所得税。

(2)根据资料二,请问对该事项,甲公司应如何进行纳税调整?

【答案】需要进行纳税调整,应调增应纳税所得额,调整金额=175620.37元。

(3)根据资料三,请问甲公司增值税处理是否正确?企业所得税应如何进行纳税调整?

【答案】

① 增值税处理正确。采用预收款方式提供租赁服务,纳税义务发生时间为收到预收款的当天。

② 企业所得税无须进行纳税调整。如果租赁期限跨年度,且租金提前一次性支付的,出租人可对上述已确认的收入,在租赁期内分期均匀计入相关年度收入。

(4)根据资料四,计算2023年度可以税前扣除的公益性捐赠金额是多少?已知甲公司 2022 年度有超过公益性捐赠扣除标准而结转的待扣除金额 200000 元，2023 年度甲公司公益性捐赠项目扣除应如何进行纳税调整？结转以后年度扣除的公益性捐赠金额是多少？

【答案】

公益性捐赠扣除限额 = 6072649.67 × 12% = 728717.96 元

2022 年度结转的公益性捐赠支出金额为 200000 元，可以在 2023 年税前扣除，纳税调减 200000 元。728717.96 - 200000 = 528717.96 元，2023 年公益性捐赠支出税前可以扣除 528717.96 元，纳税调增 600000 - 528717.96 = 71282.04，因此需要纳税调减，共计纳税调减 = 200000 - 71282.04 = 128717.96 元，应结转下年度扣除的公益性捐赠金额是 71282.04 元。

（5）根据资料五，请问甲公司资产和从业人数是否符合小型微利企业标准（不考虑年度应纳税所得额）并说明理由。

【答案】资产和从业人数不符合小型微利企业的标准。

理由：小型微利企业的标准为从事国家非限制和禁止行业，从业人数不超过 300 人，资产总额不超过 5000 万元，年应纳税所得额不超过 300 万元的纳税人。其中：从业人数是指与企业建立劳动关系的职工人数和企业接受的劳务派遣用工人数之和。

资产总额：全年季度平均值 = 全年各季度平均值之和/4 =（5020 + 5005 + 4985 + 4994）/4 = 5001 万元，大于 5000 万元，不符合条件；从业人数：267 + 58 = 325 人，大于 300 人，不符合条件。

（6）2021 年 12 月用闲置资金购买境内居民企业公开发行并上市流通的股票，2023 年 5 月股票派发现金红利 294136.45 元，计入"投资收益"科目。请问该收益是否需要缴纳增值税？是否可以免征企业所得税？

【答案】

① 不需要缴纳增值税。

② 免征企业所得税。符合条件的居民企业之间的股息、红利等权益性投资收益，免征企业所得税。

（7）2023 年 6 月购入一台设备，入账价值 2160000 元，当月投入使用。甲公司当年对该设备计提折旧 180000 元。请问甲公司是否可将该设备一次性税前扣除？应如何进行纳税调整？

【答案】

可以一次性扣除。

应调减应纳税所得额。

调整金额 = 2160000 - 180000 = 1980000 元

（8）不考虑其他因素，根据上述资料和要求，计算甲公司 2023 年度的应纳税所得额。

【答案】

2023 年应纳税所得额 = 6072649.67 - 29055210.61 × 10% + 175620.37 - 128717.96 - 294136.45 - 1980000 = 939894.57 元

【综合题】税务师受托对甲公司进行 2023 年度企业所得税汇算清缴鉴证，甲公司发生了如下业务：

资料一：甲公司投资乙公司，股权占比 10%，2023 年 7 月乙公司股东大会作出转增实收资本决议，以股权溢价所形成的资本公积 200000 元和未分配利润 5000000 元转增实收资本。甲公司将乙公司转增实收资本的决议和有关资料留存，未做会计处理。

资料 2：甲公司 2023 年度经营租赁方式租入一台专用设备，租赁期限 3 年（2023 年 1 月 1 日至 2025 年 12 月 31 日），每年支付租金不含税 30 万元。

租赁设备初始计量、计提折旧、确认利息和支付租金的会计处理如下：

（1）初始计量

借：使用权资产　　　　　　　　　　　　　　　　827809.6
　　租赁负债——未确认融资费用　　　　　　　　 72190.4
　　　贷：租赁负债——租赁付款额　　　　　　　　　　　900000

（2）使用权资产计提折旧

借：管理费用　　　　　　　　　　　　　　　　　275936.5
　　　贷：累计折旧——使用权资产　　　　　　　　　　 275936.5

（3）租赁负债确认期间利息支出

借：财务费用——利息支出——租赁负债利息支出　　35595.8
　　　贷：租赁负债——未确认融资费用　　　　　　　　 35595.8

（4）支付租赁费用

借：租赁负债——租赁付款额　　　　　　　　　　300000
　　应交税费——应交增值税（进项税额）　　　　 39000
　　　贷：银行存款　　　　　　　　　　　　　　　　　 339000

甲公司上述核算均符合企业会计准则的要求。

资料 3：甲公司于 2022 年 10 月购进并暂估入账，于 2023 年 9 月收到货物的增值税专用发票并付款，增值税专用发票注明的金额与暂估价格一致为 400000 元。

收到发票的会计处理为：

借：应付账款　　　　　　　　　　　　　　　　　400000
　　应交税费——应交增值税（进项税额）　　　　 52000
　　　贷：银行存款　　　　　　　　　　　　　　　　　 452000

经审核，该批货物截止到 2022 年 12 月 31 日已出售 40%，甲公司按暂估价格进行成本结转，在 2022 年度企业所得税汇算清缴时已作纳税调整增加 160000 元；截止到 2023 年 7 月这批货物已全部出售，并按暂估价格进行成本结转。

资料 4：甲公司 2023 年"研发支出"发生额 3000000 元（非集成电路和工业母机企业）。

经审核：

（1）当年共有 6 个研究开发项目，都符合研究开发费用加计扣除规定，相关资料齐全并留存备查。

（2）研究支出辅助账和研发支出辅助账汇总表的研究开发费与"研发支出"金额一致，均为 3000000 元。

（3）2023年8月委托境内某单位进行研发活动支付技术开发费用，取得增值税专用发票注明金额80000元，税额4800元。

会计处理为：

借：研发支出　　　　　　　　　　　　　　　　　　　　80000
　　应交税费——应交增值税（进项税额）　　　　　　　　4800
　　贷：银行存款　　　　　　　　　　　　　　　　　　　84800

（4）2023年6月购置研发活动专用仪器一台，取得增值税专用发票注明金额120000元，税额15600元。购入和2023年度折旧（汇总）的会计处理：

① 购入时

借：固定资产　　　　　　　　　　　　　　　　　　　　120000
　　应交税费——应交增值税（进项税额）　　　　　　　15600
　　贷：银行存款　　　　　　　　　　　　　　　　　　　135600

② 计提折旧（汇总）

借：研发支出　　　　　　　　　　　　　　　　　　　　12000
　　贷：累计折旧　　　　　　　　　　　　　　　　　　　12000

该专用仪器甲公司选择2023年度一次性税前扣除。

资料5：甲公司于2023年7月将持有丙公司15%股权以4500000元转让。

转让时的会计处理：

借：银行存款　　　　　　　　　　　　　　　　　　　　4500000
　　贷：长期股权投资——丙公司　　　　　　　　　　　　4068000
　　　　投资收益　　　　　　　　　　　　　　　　　　　432000

经审核，这部分股权系2021年11月以自产货物对丙公司股权投资获取，投资时，自产货物的成本（计税基础）为3000000元，双方约定按含税公允价值4068000元对丙公司投资获取15%股权；甲公司向丙公司开具增值税专用发票注明金额3600000元，税额468000元。投资完成后，甲公司长期股权投资账面金额为4068000元；按非货币性投资转让所得选择分5年均匀计入应纳税所得额，并在2021年度汇算清缴时将用于投资自产货物的转让所得600000元金额作纳税调整减少后，分别在2021年和2022年的汇算清缴作纳税调整增加计入应纳税所得额各120000元。

假定甲公司为境内非上市的居民企业，各年度的应纳税所得额大于0元，适用税率为25%，以前年度企业所得税纳税申报都准确。

要求：根据以上资料依次回答下列问题。回答"应如何进行纳税调整"时，应说明调增、调减及其金额；不需要纳税调整的，也请说明。涉及计算的，请列出计算过程，金额单位为元，保留两位小数。

（1）根据资料1，在2023年度汇算清缴时，以股本溢价形成的资本公积转增实收资本，应如何纳税调整？

【答案】不需要纳税调整。

被投资企业将股权（票）溢价所形成的资本公积转为股本的，不作为投资方企业的股息、红利收入，投资方企业也不得增加该项长期投资的计税基础。

（2）根据资料1，在2023年度汇算清缴时，以未分配利润转增实收资本，应如何进行纳税调整？

【答案】先调增应纳税所得额，再作为免税的投资收益调减应纳税所得额。以未分配利润转增实收资本，要视同分配后再投资，作为投资方企业的股息、红利收入，并增加长期投资的计税基础。居民企业之间的投资收益，免企业所得税。

调整金额 = 5000000 × 10% = 500000 元

（3）根据资料1，在2023年度汇算清缴时，上述业务符合免税条件的权益性投资收益，金额是多少？

【答案】以未分配利润转增资本，视同股息分配；符合条件的居民企业之间的投资收益，免征企业所得税。

调整金额 = 5000000 × 10% = 500000 元

（4）根据资料2，上述业务在2023年度汇算清缴时，应如何纳税调整？

【答案】
① 使用权资产计提的折旧纳税调增，调整金额 = 275936.5 元。
② 由租赁负债形成的财务费用税前不得扣除，纳税调增，调整金额 = 35595.8 元。
③ 租赁费允许扣除，纳税调减，调整金额 = 300000 元。

（5）根据资料3，货物的销售成本在2022年度和2023年度分别可扣除多少？

【答案】
2022 年汇算清缴时扣除金额为 0；
2023 年收到发票后，可以更正申报，在 2022 年追补扣除 160000 元，2023 年扣除金额为 240000 元。

（6）根据资料3，在2023年度汇算清缴时，应如何纳税调整？

【答案】2023 年无须调整；2023 年 9 月取得发票，且暂估金额和发票金额一致，无须调整。
对企业发现以前年度实际发生的、按照税收规定应在企业所得税前扣除而未扣除或者少扣除的支出，企业做出专项申报及说明后，准予追补至该项目发生年度计算扣除。以前年度发生应扣未扣支出的追补确认期限为 5 年。

（7）根据资料3，在2022年度汇算清缴更正申报时，应如何纳税调整？

【答案】更正申报时应该将原来调增的 160000 元进行更正，调增金额调整为 0。

（8）根据资料4，上述业务（4）在2023年度汇算清缴时，应如何纳税调整？

【答案】单价不超过 500 万的设备器具税前一次性扣除，调减应纳税所得额。

调整金额 = 120000 - 12000 = 108000 元

（9）根据资料4，分别说明上述支付的技术开发费用和购置研发活动专用仪器计入加计扣除研究开发费用金额是多少？

【答案】委托研发计入加计扣除研发费用的金额 = 80000 × 80% = 64000 元
固定资产一次性扣除计入加计扣除研发费用的金额为 120000 元。

（10）根据资料4，2023年度该企业可加计扣除的研究开发费用金额是多少？

【答案】

2023年度该企业可加计扣除的研究开发费用金额＝（3000000－80000＋80000×80％＋108000）×100％＝3092000元

（11）根据资料5，在2023年度汇算清缴时，应如何进行纳税调整？

【答案】

调增应纳税所得额。

金额＝600000－120000×2＝360000元

股权转让所得无须纳税调整。

（12）根据资料5，在递延纳税期间提前转让股权，是否应对2021年度和2022年度企业所得税汇算清缴更正申报？简述理由。

【答案】无须对2021年和2022年企业所得税进行更正。

理由：企业在对外投资5年内转让上述股权或投资收回的，应停止执行递延纳税政策，并就递延期内尚未确认的非货币性资产转让所得，在转让股权或投资收回当年的企业所得税年度汇算清缴时，一次性计算缴纳企业所得税。无须对以往年度的企业所得税汇算清缴进行更正申报。

高频考点 · 个人所得税基本规定 ★★

【单选题】下列关于个人所得税的说法中，不正确的是（　　）。

A. 在中国境内有住所的个人，属于居民个人

B. 在中国境内无住所且一个纳税年度内在中国境内居住累计满183天的个人，属于居民个人

C. 在中国境内无住所且一个纳税年度内在中国境内居住累计不满一年的个人，属于非居民个人

D. 在中国境内无住所又不居住的个人，属于非居民个人

解析　在中国境内有住所，或者无住所而一个纳税年度内在中国境内居住累计满183天的个人，为居民个人；在中国境内无住所又不居住，或者无住所而一个纳税年度内在中国境内居住累计不满183天的个人，为非居民个人，因此选项C错误。

【答案】C

【单选题】甲公司年末"其他应收款"贷方余额为1000万元（年底均未归还），其中800万元系2023年2月起借给公司股东王某进行投资，另200万元系2023年8月借给股东李某购买房产。针对上述"其他应收款"下列处理符合现行个人所得税政策规定的是（　　）。

A. 200万元部分按"工资薪金所得"由李某缴纳个人所得税；800万元部分不涉及个人所得税

B. 1000万元均应按"股息、利息、红利所得"缴纳个人所得税

C. 均不缴纳个人所得税

D. 200万元部分应按"股息、利息、红利所得"缴纳个人所得税；800万元部分不涉及个人所得税

解析 纳税年度内个人投资者从其投资企业（个人独资企业、合伙企业除外）借款，在该纳税年度终了后，其未归还的借款可视为企业对个人投资者的红利分配，依照"利息、股息、红利所得"项目计征个人所得税；除个人独资企业、合伙企业以外的其他企业的个人投资者，以企业资金为本人、家庭成员及其相关人员支付与企业生产经营无关的消费性支出及购买汽车、住房等财产性支出，视为企业对个人投资者的红利分配，依照"利息、股息、红利所得"项目计征个人所得税。因此，选择选项B。

【答案】 B

拓展 （1）针对个人分配股息、红利的易考点

① 对于股份制企业在分配股息、红利时，以股票形式向股东个人支付应得的股息、红利（即派发红股），应以派发红股的股票票面金额为收入额，计算征收个人所得税。（股票股利按票面金额）

② 除个人独资企业、合伙企业以外的其他企业的个人投资者，以企业资金为本人、家庭成员及其相关人员支付与企业生产经营无关的消费性支出及购买汽车、住房等财产性支出，视为企业对个人投资者的红利分配，依照"利息、股息、红利所得"项目计征个人所得税。（其实质为企业对股东进行了红利性质的实物分配）

③ 纳税年度内个人投资者从其投资企业（个人独资企业、合伙企业除外）借款，在该纳税年度终了后既不归还，又未用于企业生产经营的，其未归还的借款可视为企业对个人投资者的红利分配，依照"利息、股息、红利所得"项目计征个人所得税。（长期占用≈实质分配）

（2）从上市公司获得的股息红利、持有全国中小企业股份转让系统挂牌公司的股票获得的股息红利（股息红利差别化个人所得税政策）

持股期限	税收处理方法
≤1个月	全额计入应纳税所得额
1个月到1年	暂减按50%计入应纳税所得额
>1年	暂免个税

【多选题】 下列关于个人所得税的说法中，不正确的有（　　）。

A. 在中国境内有住所的个人，为居民个人

B. 居民个人应就从中国境内和境外取得的所得，依照相关规定缴纳个人所得税

C. 居民个人取得综合所得，按纳税年度合并计算个人所得税

D. 在中国境内无住所的个人，在中国境内居住累计满183天的年度连续不满六年的，经向主管税务机关备案，其由境外单位或者个人支付的所得，免予缴纳个人所得税

E. 在中国境内无住所的个人，为非居民个人

解析 选项 D,在中国境内无住所的个人,在中国境内居住累计满 183 天的年度连续不满六年的,经向主管税务机关备案,其来源于中国境外且由境外单位或者个人支付的所得,免予缴纳个人所得税;选项 E,在中国境内无住所又不居住,或者无住所而一个纳税年度内在中国境内居住累计不满 183 天的个人,为非居民个人。

【答案】 DE

拓展 境内所得的定义

所得来源的审核	除国务院财政、税务主管部门另有规定外,下列所得,无论支付地点是否在中国境内,均为来源于中国境内的所得:(≈来源地、发生地) (1)因任职、受雇、履约等在中国境内提供劳务取得的所得。 (2)将财产出租给承租人在中国境内使用而取得的所得。 (3)许可各种特许权在中国境内使用而取得的所得。 (4)转让中国境内的不动产等财产或者在中国境内转让其他财产取得的所得。 (5)从中国境内企业、事业单位、其他组织、居民个人取得利息、股息、红利所得

【多选题】下列符合个人所得税境外缴纳税额抵免计税方法的有( )。

A. 居民个人从中国境内和境外取得的综合所得、经营所得,应当分别合并计算应纳税额

B. 若下一年度结转后仍有超限额的,可继续结转,但结转期最长不得超过 5 年

C. 除国务院财政、税务主管部门另有规定外,来源于中国境外一个国家(地区)的综合所得抵免限额、经营所得抵免限额以及其他所得抵免限额之和,为来源于该国家(地区)所得的抵免限额

D. 我国个人所得税的抵免限额采用分国限额法,即分别来自不同国家或地区和不同应税项目,依照税法规定的费用减除标准和适用税率计算抵免限额

E. 各国抵免限额可以相加

解析 选项 E,分国抵免限额不能相加。

【答案】 ABCD

【单选题】下列关于个人所得税自行纳税申报的说法中,不正确的是( )。

A. 纳税人从两处以上取得经营所得的,选择向其中一处经营管理所在地主管税务机关办理年度汇总申报

B. 非居民个人在中国境内从两处以上取得工资、薪金所得的,应当在取得所得的次月 15 日内,向其中一处任职、受雇单位所在地主管税务机关办理纳税申报

C. 纳税人取得利息、股息、红利所得,财产租赁所得,财产转让所得和偶然所得的,扣缴义务人未扣缴税款的,应当在取得所得的次年 6 月 30 日前,按相关规定向主管税务机关办理纳税申报

D. 居民个人从中国境外取得所得的,应当在取得所得的次年3月31日前,向中国境内任职、受雇单位所在地主管税务机关办理纳税申报

解析 居民个人从中国境外取得所得的,应当在取得所得的次年3月1日至6月30日,向中国境内任职、受雇单位所在地主管税务机关办理纳税申报,因此选项D错误。

【答案】D

》高频考点· 综合所得相关规定★★★

【单选题】外籍个人Honey在境内某时装设计企业担任首席设计师,并同时兼任企业董事会董事,下列收入中应计入"工资、薪金所得"计税的是( )。
A. 转让房产取得的收入　　　　B. 董事收入
C. 不动产出租收入　　　　　　D. 股息收入

解析 本企业的职工或高级管理人员同时兼任本企业董事所取得的董事费,应按"工资、薪金所得"项目缴纳个人所得税。

【答案】B

拓展

工资、薪金所得的审核	个人因任职或者受雇而取得的工资、薪金、奖金、年终加薪、劳动分红、津贴、补贴以及与任职或者受雇有关的其他所得。 不予征税项目(具有补偿的性质):独生子女补贴;执行公务员工资制度未纳入基本工资总额的补贴、津贴差额和家属成员的副食品补贴;托儿补助费;差旅费津贴、误餐补助;单位以误餐补助名义发给职工的补助、津贴需要征收个人所得税
	适用"工资、薪金所得"的项目 (1)对商品营销活动中,企业和单位对营销业绩突出的雇员以培训班、研讨会、工作考察等名义组织旅游活动,通过免收差旅费、旅游费对个人实行的营销业绩奖励(包括实物、有价证券等),应根据所发生费用的全额并入营销人员当期的工资、薪金所得,按照"工资、薪金所得"项目征收个人所得税。(非本单位雇员为劳务报酬) (2)公司职工取得的用于购买企业国有股权的劳动分红。(注意与股息红利进行区分) (3)本企业的职工或高级管理人员同时兼任本企业董事所取得的董事费。 (4)自2018年7月1日起,依法批准设立的非营利性研究开发机构和高等学校根据《中华人民共和国促进科技成果转化法》规定,从职务科技成果转化收入中给予科技人员的现金奖励,可减按50%计入科技人员当月"工资、薪金所得",并入综合所得进行年度汇算。 其中:上述现金奖励是指非营利性科研机构和高校在取得科技成果转化收入三年(36个月)内奖励给科技人员的现金。 (5)单位超过规定比例和标准为个人缴付"三险一金"的,超过部分应并入个人当期的工资、薪金收入,计征个人所得税

【单选题】下列所得中，不予列入工资薪金所得征收个人所得税的是(　　)。

A. 劳动分红　　　　B. 年终加薪　　　　C. 托儿补助费　　　　D. 全勤奖金

解析　以下个人所得，不属于工资薪金性质的补贴、津贴，不征收个人所得税：独生子女补贴；托儿补助费；差旅费津贴、误餐补助；执行公务员工资制度未纳入基本工资总额的补贴、津贴差额和家属成员的副食品补贴。

【答案】C

【多选题】下列属于纳税人应按"劳务报酬"所得缴纳个人所得税的有(　　)。

A. 职工王某取得企业国有股权的劳动分红

B. 保险营销员孙某取得的佣金收入

C. 刘某为供货方介绍业务，从供货方取得的佣金

D. 企业支付给在职职工的旅游费

E. 供货方给予购货方业务员胡某以免收旅游费用方式奖励外出旅游所发生的费用

解析　选项A、D，应按"工资、薪金所得"项目计征个人所得税。

【答案】BCE

拓展

劳务报酬所得	个人从事劳务取得的所得，如： （1）个人兼职取得的收入；(如，走穴) （2）个人由于担任董事、监事职务所得的董事费、监事费收入，属于劳务报酬所得性质，按照"劳务报酬所得"项目征收个人所得税，但仅适用于个人担任公司董事、监事，<u>且不在公司任职、受雇的情形</u>。 特别提示：企业向个人支付的<u>不竞争款项</u>，按"偶然所得"项目征个人所得税（非任职受雇也未提供劳务）

【单选题】居民个人实施预扣预缴个人所得税时，可以扣除"专项附加扣除费用"的所得是(　　)。

A. 劳务报酬　　　　B. 工资、薪金　　　　C. 特许权使用费　　　　D. 稿酬所得

解析　居民个人按照其在本单位截至当前月份工资、薪金所得的累计收入，减除累计免税收入、累计减除费用、累计专项扣除、累计专项附加扣除和累计依法确定的其他扣除计算预扣预缴应纳税所得额。

【答案】B

【单选题】下列符合条件的专项附加扣除，既可以由纳税人一方扣除也可以由纳税人及其配偶按规定同时分别扣除的是(　　)。

A. 赡养老人　　　　　　　　　　　　B. 婚后购置的首套住房贷款利息

C. 继续教育　　　　　　　　　　　　D. 子女教育

解析 子女教育专项附加扣除，可以选择由父母其中一方按扣除标准的100%扣除，也可以选择由双方分别按扣除标准的50%扣除，具体扣除方式在一个纳税年度内不能变更。

【答案】 D

【多选题】 下列人员的劳务报酬收入所得适用累计预扣法适用七级累进税率扣除计算个人所得税的有（　　）。

A. 保险营销员的佣金　　　　　　　B. 房产中介员的佣金
C. 证券经纪员的佣金　　　　　　　D. 上市公司独立董事的报酬
E. 企业形象代表的报酬

解析 扣缴义务人向保险营销员、证券经纪人支付佣金收入时，按照累计预扣法计算预扣税款。

【答案】 AC

【多选题】 企业聘请专家进行研发项目评审，专家从税务机关代开的增值税普通发票（注明：评审费6000元）并交付给企业，企业对于专家个人所得税的处理正确的是（　　）。

A. 按照劳务报酬所得预扣预缴个人所得税，并办理全员全额申报
B. 按照劳务报酬所得预扣预缴个人所得税，无须办理全员全额申报
C. 不需要扣缴个人所得税，办理全员全额申报
D. 不需要扣缴个人所得税，也无须办理全员全额申报

解析 专家取得的项目评审收入为劳务报酬所得，支付企业应该对其进行个人所得税的预扣预缴，同时实行个人所得税全员全额扣缴申报的应税所得。工资、薪金所得；劳务报酬所得；稿酬所得；特许权使用费所得；利息、股息、红利所得；财产租赁所得；财产转让所得；偶然所得，均应按照前述条款执行。

【答案】 A

拓展

稿酬所得	个人因其作品以图书、报刊形式出版、发表而取得的所得。（需具备图书号或刊号） 与其他所得项目的区分： （1）任职、受雇于报纸、杂志等单位的记者、编辑等专业人员，因在本单位的报纸、杂志上发表作品取得的所得，属于因任职、受雇而取得所得，应与其当月工资收入合并，按"工资、薪金所得"项目征收个人所得税。（如，本单位专职记者为本单位提供稿件） （2）除上述专业人员以外，其他人员在本单位的报纸、杂志上发表作品取得的所得，应按"稿酬所得"项目征收个人所得税。 （3）出版社的专业作者撰写、编写或翻译的作品，由本社以图书形式出版而取得的稿费收入，应按"稿酬所得"项目征收个人所得税（不属于本单位任职、受雇）

特许权使用费所得	个人提供专利权、商标权、著作权、非专利技术以及其他特许权的使用权取得的所得。 （1）作者将自己的文字作品手稿原件或复印件公开拍卖（竞价）取得的所得，属于提供著作权的使用所得，按"特许权使用费所得"项目计征个人所得税。 个人取得特许权的经济赔偿收入，应按"特许权使用费所得"应税项目缴纳个人所得税，税款由支付赔款的单位或个人扣缴。（如收到侵权收到的经济赔偿收入） 思考：将他人的文字作品手稿原件或复印件公开拍卖（竞价）取得的所得，属于何种所得？答案：财产转让所得。 （2）从2002年5月1日起，编剧从电影、电视剧的制作单位取得的剧本使用费，不再区分剧本的使用方是否为其任职单位，统一按"特许权使用费所得"项目计征个人所得税

【多选题】下列关于个人所得税专项附加扣除相关规定的表述，错误的有（　　）。

A. 在一个纳税年度内，纳税人发生的与基本医保相关的医药费用支出，扣除医保报销后个人负担（指医保目录范围内的自付部分）的部分，由纳税人在办理年度汇算清缴时，在80000元限额内据实扣除

B. 纳税人发生的首套住房贷款利息支出，在实际发生贷款利息的年度，按照每月1000元的标准定额扣除，扣除期限最长不超过360个月

C. 纳税人只能享受一次首套住房贷款的利息扣除

D. 纳税人在直辖市工作没有自有住房而发生的住房租金支出的扣除标准为每月2000元

E. 纳税人及其配偶在一个纳税年度内不能同时分别享受住房贷款利息和住房租金专项附加扣除

【解析】 选项A，在一个纳税年度内，纳税人发生的与基本医保相关的医药费用支出，扣除医保报销后个人负担（指医保目录范围内的自付部分）累计超过15000元的部分，由纳税人在办理年度汇算清缴时，在80000元限额内据实扣除；选项B，纳税人发生的首套住房贷款利息支出，在实际发生贷款利息的年度，按照每月1000元的标准定额扣除，扣除期限最长不超过240个月；选项D，纳税人在主要工作城市没有自有住房而发生的住房租金支出，可以按照以下标准定额扣除：直辖市、省会（首府）城市、计划单列市以及国务院确定的其他城市，扣除标准为每月1500元；除第一项所列城市以外，市辖区户籍人口超过100万的城市，扣除标准为每月1100元；市辖区户籍人口不超过100万的城市，扣除标准为每月800元。

【答案】 ABD

拓展 专项附加扣除（7项）

（1）大病医疗支出

① 在一个纳税年度内，纳税人发生的与基本医保相关的医药费用支出，扣除医保报销后个人负担（指医保目录范围内的自付部分）累计超过15000元的部分，由纳税人在

办理年度汇算清缴时，在 80000 元限额内据实扣除。（自付部分，门槛 15000，最多扣 80000）

② 扣除方法：纳税人发生的医药费用支出可以选择由本人或者其配偶扣除；未成年子女发生的医药费用支出可以选择由其父母一方扣除；纳税人及其配偶、未成年子女发生的医药费用支出，分别计算扣除额。

（2）住房贷款利息（要不扣房贷、要不扣房租）

① 纳税人本人或者配偶单独或者共同使用商业银行或者住房公积金个人住房贷款为本人或者其配偶购买中国境内住房，发生的首套住房贷款利息支出，在实际发生贷款利息的年度，按照每月 1000 元的标准定额扣除，扣除期限最长不超过 240 个月。（注意：首套住房、不是每月房贷是房贷利息、最多只能扣 1000、最长只能 20 年）

纳税人只能享受一次首套住房贷款的利息扣除。

② 扣除方法（家庭共享扣除，选择任意一方扣除或各自 50%）：

经夫妻双方约定，可以选择由其中一方扣除，具体扣除方式在一个纳税年度内不能变更；夫妻双方婚前分别购买住房发生的首套住房贷款，其贷款利息支出，婚后可以选择其中一套购买的住房，由购买方按扣除标准的 100% 扣除，也可以由夫妻双方对各自购买的住房分别按扣除标准的 50% 扣除，具体扣除方式在一个纳税年度内不能变更。（总套数：1）

（3）住房租金支出

① 纳税人在主要工作城市没有自有住房而发生的住房租金支出，可以按照不同标准定额扣除。

② 纳税人及其配偶在一个纳税年度内不能同时分别享受住房贷款利息和住房租金专项附加扣除。

（4）继续教育（有国家承认的学历、技能证书可扣除）

第一类：学历教育 在中国境内接受学历（学位）继续教育的	同一学历（学位）继续教育的扣除期限不能超过 48 个月，在学历（学位）教育期间按照每月 400 元定额扣除。（4 年 + 每年 4800） 符合规定扣除条件的，可以选择由其父母扣除，也可以选择由本人扣除
第二类：技能教育 接受技能人员职业资格继续教育、专业技术人员职业资格继续教育的	在取得相关证书的当年，按照 3600 元定额扣除。（不按年度）

（5）子女教育

扣除时间段	纳税人的子女接受全日制学历教育的相关支出，按照每个子女每月 2000 元的标准定额扣除

扣除方式	父母可以选择由其中一方按扣除标准的100%扣除；也可以选择由父母双方分别按扣除标准的50%扣除，具体扣除方式在一个纳税年度内不能变更

(6) 赡养老人

① 扣除标准：纳税人赡养一位及以上被赡养人的赡养支出，统一按照以下标准定额扣除：纳税人为独生子女的，按照每月3000元的标准定额扣除；纳税人为非独生子女的，由其与兄弟姐妹扣除额度，每人分摊的额度不能超过每月1500元。

② 分摊方法：可以由被赡养人指定分摊；也可以由赡养人均摊或者约定分摊。约定或者指定分摊的须签订书面分摊协议，指定分摊优先于约定分摊。

(7) 3岁以下婴幼儿照护专项附加扣除

纳税人照护3岁以下婴幼儿子女的相关支出，按照每个婴幼儿每月2000元的标准定额扣除。

父母可以选择由其中一方按扣除标准的100%扣除，也可以选择由双方分别按扣除标准的50%扣除，具体扣除方式在一个纳税年度内不能变更。

【单选题】下列情形中，纳税人无须自行纳税申报的是（   ）。

A. 居民个人取得综合所得，纳税年度内预缴税额低于应纳税额的

B. 居民个人取得劳务报酬所得、稿酬所得、特许权使用费所得中一项或者多项所得，且综合所得年收入额减除专项扣除的余额超过6万元

C. 居民个人从中国境外取得所得的

D. 居民个人在中国境内从两处以上取得工资、薪金所得的

解析 居民个人从两处以上取得综合所得，且综合所得年收入额减除专项扣除后的余额超过6万元，需要自行纳税申报；非居民个人在中国境内从两处以上取得工资、薪金所得的，应当在取得所得的次月15日内，向其中一处任职、受雇单位所在地主管税务机关办理纳税申报。

【答案】D

【多选题】2023年度居民个人综合所得（无境外所得）在平时已依法预扣预缴个人所得税款的，年终无须办理年度汇算的情形有（   ）。

A. 纳税人年度汇算需要补税金额不超过600元的

B. 纳税人年度汇算需要补税但年度综合所得收入不超过12万元的

C. 纳税人年度汇算需要补税金额不超过400元的

D. 纳税人不申请年度汇算退税的

E. 纳税人已预缴税款与年度应纳税额一致的

解析 依据有关规定，在2024年年底前，居民纳税人已依法预缴个人所得税且符合下列情形之一的，无须办理年度汇算：

(1) 年度汇算需补税但综合所得收入全年不超过12万元的；

（2）年度汇算需补税金额不超过400元的；
（3）已预缴税额与年度汇算应纳税额一致的；
（4）符合年度汇算退税条件但不申请退税的。

【答案】BCDE

【简答题】某中国居民个人2023年1月入职参加工作，2023年应发工资为30000元/月，可以减除的费用为5000元/月，"三险一金"等专项扣除为4500元/月，专项附加扣除为2000元/月，假设不考虑其他减免事项。

要求：计算2023年1—3月各月应预扣预缴税额。

综合所得及预扣预缴适用

级数	累计预扣预缴应纳税所得额	税率（%）	速算扣除数
1	不超过36000元的	3	0
2	超过36000元至144000元的部分	10	2520
3	超过144000元至300000元的部分	20	16920
4	超过300000元至420000元的部分	25	31920
5	超过420000元至660000元的部分	30	52920
6	超过660000元至960000元的部分	35	85920
7	超过960000元的部分	45	181920

【答案】

2023年1月：应预扣预缴税额=（30000-5000-4500-2000）×3%-0=555元。

2023年2月：累计预扣预缴应纳税所得额=（30000-5000-4500-2000）×2=37000元，因此，2月应预扣预缴税额=37000×10%-2520-555=625元。

2023年3月：累计预扣预缴应纳税所得额=（30000-5000-4500-2000）×3=55500元，因此，3月应预扣预缴税额=55500×10%-2520-555-625=1850元。

拓展 自2020年7月1日起，对一个纳税年度内首次取得工资、薪金所得的居民个人，扣缴义务人在预扣预缴个人所得税时，可按照5000元/月乘以纳税人当年截至本月月份数计算累计减除费用。

【简答题】中国居民周某为某单位雇员，2022年1—12月在单位取得工资、薪金50000元，单位为其办理了2022年1—12月的工资、薪金所得个人所得税全员全额明细申报。2023年任职单位每月给其发放8000元、个人按国家标准缴付"三险一金"2000元。

要求：按照新的预扣预缴方法，计算分析周某2023年每月预扣预缴金额。

【答案】

1—7月，周某累计收入为56000（8000×7），不足60000元，所以无须预扣预缴个人所得税。从 8 月起，周某累计收入超过 60000 元，每月需要预扣预缴税款的金额为：

8 月预扣预缴款 =（8000×8－2000×8－60000）×3%－0 =－360 元＜0

9 月预扣预缴款 =（8000×9－2000×9－60000）×3%－0 =－180 元＜0

10 月预扣预缴款 =（8000×10－2000×10－60000）×3%－0 = 0 元

11 月预扣预缴款 =（8000×11－2000×11－60000）×3%－0 = 180 元

12 月预扣预缴款 =（8000×12－2000×12－60000）×3%－180 = 180 元

扣缴义务人应当按规定办理全员全额扣缴申报，并在《个人所得税扣缴申报表》相应纳税人的备注栏注明"上年各月均有申报且全年收入不超过 6 万元"字样。

【简答题】中国居民李先生 2023 年受聘于某境内上市公司独立董事，年报酬 12 万元，上市公司计划每半年向独立董事支付报酬，并预缴个人所得税。李先生认为每半年发放报酬并扣缴个人所得税会导致其个人所得税负担增加，要求每月发放报酬并预扣预缴个人所得税。

要求：根据以上资料依次回答下列问题。

(1) 上市公司在支付报酬时应按什么税目预扣预缴个人所得税？

【答案】

上市公司在支付独立董事报酬时，按照"劳务报酬所得"预扣预缴个人所得税。

(2) 李先生要求每月发放报酬并预扣预缴个人所得税是否符合政策规定？

【答案】

符合政策规定。

理由：劳务报酬可按月发放并预扣预缴个人所得税。

(3) 每半年或每月发放报酬所预扣预缴的个人所得税金额是否一致？

【答案】两种发放方式所预扣预缴的个人所得税金额不一致。

每月发放报酬全年预扣预缴个人所得税的金额 = 120000/12 ×（1－20%）× 20% × 12 = 19200 元

每半年发放报酬全年应预扣预缴个人所得税的金额 =［60000 ×（1－20%）× 30% － 2000］× 2 = 24800 元

(4) 李先生认为每半年发放报酬并预扣预缴个人所得税会导致其个人所得税负担增加的观点是否正确，请简述理由。

【答案】李先生的观点不正确。

预扣预缴时：每半年发放报酬全年应预扣预缴的个人所得税为 24800 元，大于每月发放报酬全年预扣预缴的个人所得税，其原因是按半年预缴个人所得税适用的劳务报酬所得预扣率为 30%，而采用按月发放报酬预扣预缴个人所得税适用的劳务报酬所得预扣率为 20%，因此，每半年发放报酬预扣预缴的个人所得税较多。

汇算清缴时：从整体税负角度来看，劳务报酬所得属于综合所得，综合所得按年汇算清缴，无论每半年发放还是每月发放报酬，最终的个人所得税负担不会增加。

拓展

居民个人综合所得应纳税所得额 = 每一纳税年度的收入额 - 费用60000元 - 专项扣除 - 专项附加扣除 - 依法确定的其他扣除	1. 每一纳税年度收入额（≠收入）的计算 （1）工资、薪金所得以收入全额100%为收入额。 （2）劳务报酬所得、稿酬所得、特许权使用费所得以收入80%为收入额。 （3）稿酬所得的收入额再减按70%计算。因此，每一纳税年度收入额 = 工资、薪金所得全额 + 劳务报酬、特许权使用费收入的80% + 稿酬收入的56%。 2. 费用60000元：生计费，5000元/月×12个月
	3. 专项扣除：居民个人按照国家规定的范围和标准缴纳的三险一金，基本养老保险、基本医疗保险、失业保险等社会保险费和住房公积金等。 4. 依法确定的其他扣除：企业年金、职业年金，税收递延型商业养老保险，商业健康保险、个人养老金等。 5. 专项附加扣除7项：大病医疗、住房贷款利息、住房租金、继续教育、子女教育、婴幼儿照护、赡养老人等支出

其中：依法确定的其他扣除

企业年金、职业年金	个人根据国家有关政策规定缴付的年金个人缴费部分，在不超过本人缴费工资计税基数的4%标准内的部分，暂从个人当期的应纳税所得额中扣除。 特别提示：月平均工资超过职工工作地所在设区城市上一年度职工月平均工资300%以上的部分，不计入个人缴费工资计税基数
税收递延型商业养老保险	其缴纳的保费准予在申报扣除当月计算应纳税所得额时予以限额据实扣除，扣除限额按照当月工资薪金、连续性劳务报酬收入的6%和1000元孰低办法确定。 税收递延型商业养老保险的养老金收入：其中25%部分免税，其余75%部分按照10%的比例税率计算缴纳个人所得税，计入"工资、薪金所得"项目，由保险机构代扣代缴后，在个人购买税延养老保险的机构所在地办理全员全额扣缴申报，不需并入综合所得进行年度汇算
商业健康保险	允许在当年（月）计算应纳税所得额时予以税前扣除，扣除限额为2400元/年（200元/月）
个人养老金	缴费环节，按照12000元/年的限额标准扣除；投资环节投资收益不征税；领取环节不并入综合所得，按照"工资、薪金项目"单独适用3%税率计税

高频考点·经营所得相关规定 ★★

【单选题】 个体工商户为业主缴纳的补充养老保险、补充医疗保险，在计算应纳税所得额时（ ）。

A. 不允许税前扣除

B. 按实际缴纳数额扣除

C. 按省级人民政府规定的计算基数，分别在5%标准内的部分据实扣除

D. 按当地上年度社会平均工资的3倍为计算基础，分别在5%标准内的部分据实扣除

解析 个体工商户业主本人缴纳的补充养老保险、补充医疗保险以当地（地级市）上年度社会平均工资的3倍为计算基数，分别在不超过该计算基数5%标准内的部分据实扣除。超过部分，不得扣除。

【答案】 D

拓展 对个体工商户的税收优惠

自2023年1月1日至2027年12月31日，个体工商户（不区分征收方式）年应纳税所得额不超过200万元的部分，在现行优惠政策基础上，再减半征收个人所得税。

减免税额 =（个体工商户经营所得应纳税所得额不超过200万元部分的应纳税额 – 其他政策减免税额×个体工商户经营所得应纳税所得额不超过200万元部分/经营所得应纳税所得额）×（1 – 50%）

原理：分段分摊其他政策减免税额

举例：

第一种情形：年应纳税所得额不超过200万元的（其他政策减免税额无须分摊）

居民纳税人夏某为个体工商户业主，2023年经税法计算的应纳税所得额为200000元（应纳税所得额超过90000元至300000元的部分，适用税率20%，速算扣除数10500），同时可以享受残疾人政策减免税额为7320元。

旧政策：夏某2023年应纳税额 = 200000×20% – 10500 – 7320 = 22180元。

新政策：

夏某应享受的个体工商户经营所得减半征收个人所得税政策的减免税额 =［（200000×20% – 10500）– 7320］×（1 – 50%）= 11090元。

因此，享受新政策后夏某的应纳税额 = 22180 – 11090 = 11090元。

第二种情况：年应纳税所得额超过200万元的（其他政策减免税额在200万元以下的金额和200万元以上的金额之间进行分摊）

居民纳税人夏某为个体工商户业主，2023年经税法计算的应纳税所得额为2200000元（应纳税所得超过500000元的部分，适用税率35%，速算扣除数65500），同时可以享受残疾人政策减免税额为7320元。

旧政策：夏某2023年应纳税额 =（2200000×35% – 65500）– 7320 = 697180元。

新政策：

夏某应享受的个体工商户经营所得减半征收个人所得税政策的减免税额 =［(2000000×35% – 65500）– 7320×2000000/2200000］×（1 – 50%）= 313922.73元。

因此，享受新政策后夏某的应纳税额＝697180－313922.73＝383257.27元。

【简答题】依次回答下列关于个人直接转让限售股和通过合伙企业转让限售股增值税和个人所得税的处理、计税依据和申报的相关事项。

（1）个人直接转让限售股增值税和个人所得税如何处理？

【答案】

增值税：个人转让限售股，不缴纳增值税。

个人所得税：个人转让新上市公司限售股的，以实际转让收入减去成本原值和合理税费后的余额，按照"财产转让所得"适用20%税率，并由证券登记结算公司扣缴的个人所得税。

（2）个人通过合伙企业转让限售股增值税和个人所得税如何处理？

【答案】

增值税：个人通过合伙企业持有限售股出售时，合伙企业应以限售股的实际转让收入减去股票首次公开发行（IPO）的发行价的差额，按"金融商品转让"计算缴纳增值税。

个人所得税：限售股实际转让收入减去限售股的计税基础和合理税费后的余额计算经营所得，计算合伙企业经营所得时，对外投资发生的融资利息支出允许按税法规定的标准准予扣除。对于合伙企业的经营所得，按规定采取"先分后税"办法，个人分得的经营所得，按"经营所得"适用的五级超额累进税率计算缴纳个人所得税。

高频考点· 分类所得相关规定 ★★

【单选题】某自然人设立个人独资企业，该个人独资企业对外投资从有限责任公司取得的"股息、红利所得"，下列税务处理正确的是(　　)。

A. 不计入经营所得，按照"利息、股息、红利所得"征收个人所得税

B. 计入经营所得，符合免税条件的，免征个人所得税

C. 不计入经营所得，符合免税条件的，免征个人所得税

D. 计入经营所得，按照"经营所得"征收个人所得税

解析　个人独资企业对外投资分回的利息或者股息、红利，应作为投资者个人取得的利息、股息、红利所得，按"利息、股息、红利所得"项目计征个人所得税。

【答案】A

【多选题】下列交易事项税务处理的说法，不正确的有(　　)。

A. 电脑生产企业将自产电脑用于本企业管理部门应视同销售缴纳增值税

B. 小李无偿赠送小张手机应按照"财产转让所得"计算缴纳个人所得税

C. 小孙（非个体工商户）无偿赠送小张手机无须视同销售计算增值税

D. 甲商贸公司将自有房产出租，租赁期期内前3个月为免租期，免租期应视同销售计算缴纳增值税

E. 卷烟厂用自产烟丝生产卷烟无须计算缴纳消费税

🔍 **解析** 选项A，自产的货物用于企业管理部门，属于自产的产品用于应税项目，不视同销售缴纳增值税；选项D，免租期无须视同销售缴纳增值税。

【答案】ABD

【简答题】甲有限合伙企业系增值税一般纳税人，为境内A上市公司的持股平台，合伙人全部为A上市公司的核心员工、境内自然人。

甲有限合伙企业持有A公司2022年1月首发的限售股500万股。实际成本为5元每股，A上市公司的发行价为8元每股。

自2022年5月甲有限合伙企业取得A公司分红1000万元。

2023年12月，甲有限合伙企业按规定以30元每股出售A公司限售股200万股；假设除取得A公司分红和出售A公司限售股以外，未发生其他的业务。

要求：根据以上资料依次回答下列问题。

(1) 甲有限合伙企业从A公司取得分红和出售A公司限售股的转让所得，是否应缴纳企业所得税或个人所得税？

【答案】甲有限合伙企业无须缴纳企业所得税或个人所得税。

理由：合伙企业取得的所得应该采取"先分后税"的原则，由合伙人缴纳企业所得税或者个人所得税，因此，应该由合伙人缴纳个人所得税。

(2) 计算有限合伙企业出售A公司限售股应缴纳增值税的金额。

【答案】公司首次公开发行股票并上市形成的限售股，以及上市首日至解禁日期间由上述股份孳生的送、转股，以该上市公司股票首次公开发行（IPO）的发行价为买入价。

有限合伙企业出售A公司限售股应缴纳增值税的金额 = 200 × (30 - 8) / (1 + 6%) × 6% = 249.06万元

(3) 合伙人从甲有限合伙企业取得的A公司分红和转让A公司限售股所得应缴纳个人所得税的所得项目和适用税率是多少？

【答案】

合伙人从甲有限合伙企业取得的A公司分红：按照"利息、股息、红利所得"项目征税，适用20%税率。

合伙人从甲有限合伙企业取得的A公司限售股转让所得：按照"经营所得"项目征税，适用5%~35%的五级超额累进税率。

📖 **拓展** 取得财产转让所得常见的情形及计税方法

征税行为	税收相关规定
境内上市公司股票转让所得	免征个人所得税
限售股转让所得	应纳税所得额 = 限售股转让收入 - (限售股原值 + 合理税费) 应纳税额 = 应纳税所得额 × 20%
转让新三板挂牌公司股票所得	非原始股转让所得免征个人所得税； 原始股转让所得，按照"财产转让所得"项目，依法计算缴纳个人所得税

续表

征税行为	税收相关规定
个人非货币性资产投资所得	（1）视为个人转让非货币性资产+投资 对个人转让非货币性资产的所得，应按照"财产转让所得"项目，依法计算缴纳个人所得税。 （2）应纳税所得额=非货币性资产转让收入-资产原值-合理税费 其中：个人以非货币性资产投资应按评估后的公允价值确认非货币性资产转让收入。 （3）选择性税收优惠政策 企业或个人以技术成果投资入股到境内居民企业，被投资企业支付的对价全部为股票（权）的，企业或个人可选择继续按现行有关税收政策执行，也可选择适用递延纳税优惠政策（经向主管税务机关备案，投资入股当期可暂不纳税，允许递延至转让股权时）。 特别提示：个人因技术成果投资入股取得股权后，非上市公司在境内上市的，处置递延纳税股权时，按照现行限售股有关征税规定执行

【简答题】假定中国居民周某于2023年1月将其自有的4间面积为150平方米的房屋出租给张某居住，租期1年。靳某每月取得租金收入6000元，全年租金收入72000元。

要求：请依照现行税法规定，计算周某全年租金收入应缴纳的个人所得税（不考虑其他税费）。

【答案】

每月应纳税额=6000×（1-20%）×10%=480元，全年应纳税额=480×12=5760元

拓展 承上例：当年2月因下水道堵塞找人修理，修理费用为900元，有维修部门的正式收据，请依照现行税法规定，分别计算2月和3月应纳税额。

【答案】

2月应纳税额=（6000-800）×（1-20%）×10%=416元，剩余未扣除100元修缮费在下月扣除

3月应纳税额=（6000-100）×（1-20%）×10%=472元

高频考点 · 其他规定及税收优惠★★

【单选题】2023年5月，自然人肖某与甲公司签订协议，将自有商铺出租给甲公司，租赁期一年，租金总额12万元，于签订协议当月一次性支付。下列关于该租赁免税的说法，正确的是（   ）。

A. 免缴印花税　　　　　　　　　　B. 免缴增值税

C. 免缴房产税　　　　　　　　　　D. 免缴个人所得税

解析 其他个人，采取一次性收取租金形式出租不动产取得的租金收入，可在对应的租

赁期内平均分摊，分摊后的月租金收入未超过10万元的，免征增值税。

【答案】B

【单选题】个人和用人单位解除劳动合同取得的一次性补偿收入免征个人所得税，该收入应该不超过当地上一年全年平均工资的(　　)。

A. 4倍　　　　　B. 3倍　　　　　C. 2倍　　　　　D. 1倍

【解析】个人与用人单位解除劳动关系取得一次性补偿收入（包括用人单位发放的经济补偿金、生活补助费和其他补助费），在当地上年职工平均工资3倍数额以内的部分，免征个人所得税。超过3倍数额的部分，单独适用综合所得税率表计算税额。

【答案】B

【多选题】下列捐赠支出中，不能在个人所得税前全额扣除的有(　　)。

A. 个人通过国家机关向红十字事业的捐赠
B. 个人通过非营利性的社会团体向农村义务教育的捐赠
C. 个人通过国家机关向遭受严重自然灾害地区的捐赠
D. 个人捐赠住房作为公共租赁住房
E. 个人通过政府部门对公益性青少年活动场所的捐赠

【解析】选项A，个人将其所得通过中国境内的社会团体、国家机关向教育和其他社会公益事业以及遭受严重自然灾害地区、贫困地区的捐赠，捐赠额未超过纳税人申报的应纳税所得额30%的部分，可以从应纳税所得额中扣除，超过部分不得扣除；选项C，个人捐赠住房作为公共租赁住房，符合税收法律法规规定的，对其公益性捐赠支出未超过其申报的应纳税所得额30%的部分，准予从其应纳税所得额中扣除。

【答案】AC

【简答题】设计师刘某为非雇佣单位提供设计服务，取得劳务报酬60000元（不考虑增值税和其他税费），支付单位预扣个人所得税12000元。

要求：请逐一回答下列问题。

（1）计算支付单位应预扣预缴个人所得税的金额。

【答案】

支付单位应预扣预缴个人所得税的金额 = 60000 × (1 - 20%) × 30% - 2000 = 12400元

（2）劳务报酬在汇算清缴时应与哪几项所得合并计算综合所得？

【答案】

劳务报酬汇算清缴时应与工资薪金所得、其他的劳务报酬所得、稿酬所得和特许权使用费所得合并为综合所得计税。

（3）简述劳务报酬所得预扣税款和年度汇算清缴时，在所得额计算、可扣除项目及适用税率（或预扣率）等方面的区别。

个人所得税预扣率表

级数	预扣预缴应纳税所得额	预扣率	速算扣除数
1	不超过20000元的部分	20%	0
2	超过20000元至50000元部分	30%	2000
3	超过50000元的部分	400%	7000

【答案】

劳务报酬所得预扣税款和年度汇算清缴时的区别：

① 纳税（预缴）期限：

预扣预缴按次或按月计算缴纳；

汇算清缴时按年并入综合所得汇总计算。

② 扣除项目：

预扣预缴时，每次收入不超过4000元的，减除费用800元；4000元以上的，减除20%的费用；

汇算清缴时，统一减除20%的费用后并入收入额，再和其他项目的综合所得一并减除6万元的费用扣除和专项扣除、专项附加扣除和依法确定的其他扣除项目。

③ 税率（或预扣率）：

预扣预缴时采用20%～40%的三级超额累进预扣率；

汇算清缴时采用综合所得3%～45%七级超额累进税率。

【简答题】中国居民张某2022年1月应发工资10000元，每月公司按规定标准为其代扣代缴"三险一金"2000元，当月享受赡养老人专项附加扣除1000元，没有减免收入及减免税额等情况，当月还取得2022年全年一次性奖金144000元。

要求：请依照现行税法规定，分析计算张某2022年1月的纳税情况。

按月换算后的综合所得税率表

级数	全月应纳税所得额	税率（%）	速算扣除数
1	不超过3000元的	3	0
2	超过3000元至12000元的部分	10	210
3	超过12000元至25000元的部分	20	1410
4	超过25000元至35000元的部分	25	2660
5	超过35000元至55000元的部分	30	4410
6	超过55000元至80000元的部分	35	7160
7	超过80000元的部分	45	15160

【答案】

方法一：全年一次性奖金单独计税

（1）全年一次性奖金应纳税额（先除以12找税率和速算扣除数）

① 确定适用税率和速算扣除数：因为每月奖金=144000/12=12000元，所以适用税率为10%、速算扣除数为210。

② 全年一次性奖金应纳税额=144000×10%－210=14190元。

(2) 工资应预扣预缴税额=（10000－2000－5000－1000）×3%=60元

方法二：工资、全年一次性奖金合并计税。

工资、奖金合计应预扣预缴税额=（144000+10000－2000－5000－1000）×20%－16920=12280元

两种方法可以选择其一。

■ **拓展** 单位低价向职工出售住房的个人所得税（国家机关、企事业单位及其他组织住房制度改革，免税），参照年终一次性奖金单独计税法。

【简答题】居民个人吴先生为某上市公司核心技术团队成员，2021年1月公司为激励员工授予吴先生股票期权100000股，授予价5元/股，该期权不能上市交易，没有公开市场价格；激励条款规定，2023年1月1日服务满两年后即可以行权，按照授予价购买100000股股票，行权前不得对外转让。2023年1月1日吴先生选择行权，当日股票在证券交易系统中收盘价为9元/股。

要求：计算吴先生此项股票期权行权所得应缴纳个人所得税的金额。

【答案】

股权激励收入在2027年12月31日前，不并入当年综合所得，全额单独适用综合所得税率表，计算纳税。（视为单独一项所得，两次以上的合并）

应纳税额=股权激励收入×适用税率－速算扣除数

股权激励收入=（行权股票的每股市场价－员工取得该股票期权支付的每股施权价）×股票数量=（9－5）×100000=400000元，因此，吴先生此项股票期权行权所得应缴纳个人所得税的金额（应纳税额）=400000×25%－31920=68080元。

■ **拓展 个人取得股权激励的计税方法**

(1) 非上市公司股权激励的个人所得税政策（关键字：递延纳税，税收负担原则）

① 基本规定：自2016年9月1日起，个人取得符合条件的非上市公司股权激励（包括股票期权、股权期权、限制性股票和股权奖励）符合规定条件的，经向主管税务机关备案，可实行递延纳税政策。即员工在取得股权激励时可暂不纳税，递延至转让该股权时纳税；股权转让时，按照股权转让收入减除股权取得成本以及合理税费后的差额，适用财产转让所得项目，按照20%的税率计算缴纳个人所得税。

特别提示：股权转让时成本确定

股票（权）期权：行权价；限制性股票：实际出资额；股权奖励：0

特别提示：持有递延纳税的股权期间，因该股权产生的转增股本收入，以及以该递延纳税的股权再进行非货币性资产投资的，应在当期缴纳税款。（具有税收负担能力）

② 计税方式：个人应在获得股票（权）时，对实际出资额低于公平市场价格的差额，按照工资、薪金所得项目，参照上市公司股权激励的有关规定计算缴纳个人所得税。在2027年12月31日前，不并入当年综合所得，全额单独适用综合所得税率表，计算纳税。

计算公式为：应纳税额＝股权激励收入×适用税率－速算扣除数

需要注意的是，居民个人一个纳税年度内取得两次以上（含两次）股权激励的，应合并计算纳税。

特别提示：个人因股权激励取得股权后，非上市公司在境内上市的，处置递延纳税的股权时，按照限售股有关规定执行；个人转让股权时，视同享受递延纳税优惠政策的股权优先转让。递延纳税的股权成本按照加权平均法计算，不与其他方式取得的股权成本合并计算。

（2）上市公司股权激励的个人所得税政策

① 股票期权、限制性股票，股权奖励的计税方法。

情形	税务处理方法
授权时	第一种情形：未具备税收负担能力。 除另有规定外，一般不作为应税所得征税。 第二种情形：具备税收负担能力若股票期权在授权时即约定可以转让，且在境内或境外存在公开市场及挂牌价格，员工接受可转让股票期权时，属于员工已实际取得有确定价值的财产，应按授权日股票期权的市场价格，作为员工授权日所在月份的工资、薪金所得 若员工以折价购入方式取得股票期权的，可以授权日股票期权的市场价格扣除折价购入股票期权时实际支付的价款后的余额，作为授权日所在月份的工资、薪金所得。 应纳税额＝股权激励收入×适用税率－速算扣除数 居民个人一个纳税年度内取得两次以上（含两次）股权激励的，应合并按上述规定计算纳税
行权前转让的	（1）因特殊情形转让股票期权的税务处理 以股票期权的转让净收入，作为工资、薪金所得征收个人所得税。 "股票期权的转让净收入"，一般是指股票期权转让收入。如果员工以折价购入方式取得股票期权的，可以股票期权转让收入扣除折价购入股票期权时实际支付的价款后的余额，作为股票期权的转让净收入。 （2）转让可公开交易股票期权的税务处理 员工取得可转让股票期权后，转让该股票期权所取得的所得，属于财产转让所得，依法免征个人所得税
股票期权到期行权时	（1）不可转让股票期权行权的税务处理 从企业取得股票的实际购买价（施权价）低于购买日公平市场价（指该股票当日的收盘价）的差额，按工资、薪金所得适用的规定，计算缴纳个人所得税。（已具备税收负担能力） 计算公式： 股票期权形式的工资薪金应纳税所得额＝（行权股票的每股市场价－员工取得该股票期权支付的每股施权价）×股票数量 （2）可转让股票期权行权的税务处理 员工持有符合条件的可公开交易的股票期权后，实际行使该股票期权购买股票时，不再计算缴纳个人所得税

特别提示：转让股票取得所得的税款计算（按照财产转让所得）。

个人将行权后的境内上市公司股票再行转让而取得的所得，暂不征收个人所得税；个人转让境外上市公司的股票而取得的所得，应按税法的规定计算应纳税所得额和应纳税额，依法缴纳税款。

特别提示：因持股权参与税后利润分配取得所得的税款计算。

员工因拥有股权参与税后利润分配而取得的股息、红利所得，除依照有关规定可以免税或减税的外，应全额按规定税率计算纳税。

② 限制性股票解禁的税务处理。

个人因任职、受雇从上市公司取得限制性股票所得，由上市公司或其境内机构，按照"工资、薪金所得"项目依法扣缴其个人所得税。

限制性股票个人所得税纳税义务发生时间，为每一批次限制性股票解禁的日期。

被激励对象限制性股票应纳税所得额的计算方法：

以被激励对象限制性股票在中国证券登记结算公司（境外为证券登记托管机构）进行股票登记日期的股票市价（指当日收盘价）和本批次解禁股票当日市价（指当日收盘价）的平均价格乘以本批次解禁股票份数，减去被激励对象本批次解禁股份数所对应的为获取限制性股票实际支付资金数额，差额则为应纳税所得额。（理解：所得≈获得的差价收益＝平均价格×解禁份数－支付的资金对价）

计算公式：

应纳税所得额＝（股票登记日股票市价＋本批次解禁股票当日市价）/2×本批次解禁股票份数－被激励对象实际支付的资金总额×（本批次解禁股票份数/被激励对象获取的限制性股票总份数）

③ 个人获得股权奖励的税务处理。

按照"工资、薪金所得"项目扣缴其个人所得税；股权奖励的计税价格参照获得股权时的公平市场价格确定。具体计税方法同前述员工取得可转让股票期权的计税方法。

特别提示：股权激励收入递延纳税优惠政策。

上市公司授予个人的股票期权、限制性股票和股权奖励，经向主管税务机关备案，个人可自股票期权行权、限制性股票解禁或取得股权奖励之日起，在不超过12个月的期限内缴纳个人所得税。

④ 股票增值权的税收政策（有足够负担能力，不适用递延纳税政策）。

股票增值权，是指上市公司授予公司员工在未来一定时期和约定条件下，获得规定数量股票价格上升所带来收益的权利。纳税义务发生时间：为上市公司向被授权人兑现股票增值权所得的日期。

按照"工资、薪金所得"项目和股票期权所得个人所得税计税方法，依法扣缴其个人所得税。

计算公式为：股票增值权某次行权应纳税所得额＝（行权日股票价格－授权日股票价格）×行权股票份数。

■ 其他税费部分·考点分布

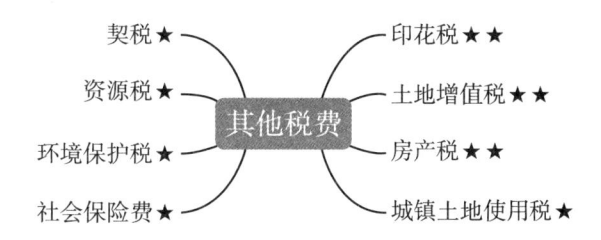

```
        契税★              印花税★★
    资源税★              土地增值税★★
              其他税费
    环境保护税★          房产税★★
    社会保险费★          城镇土地使用税★
```

高频考点·印花税★★

【多选题】下列合同应按《中华人民共和国印花税法》相关规定，缴纳印花税的有（ ）。

A. 承包人进行工程建设，发包人支付价款的合同
B. 多式联运合同
C. 网上购物签订的电子合同（非个人）
D. 管道运输合同
E. 人寿保险合同

解析 选项D，管道运输合同不属于印花税的征税范围；选项E，人寿保险合同不属于印花税的征税范围。

【答案】ABC

拓展 印花税征税范围以及相应税率

征税对象	适用比例税率
借款合同、融资租赁合同	0.05‰
营业账簿	0.25‰
买卖合同、承揽合同、建设工程合同、运输合同、技术合同和商标专用权、著作权、专利权、专有技术使用权转让书据	0.3‰
土地使用权出让书据、土地使用权、房屋等建筑物、构筑物所有权转让书据和股权转让书据	0.5‰
租赁合同、保管合同、仓储合同、财产保险合同和证券交易	1‰

【多选题】2027年12月31日前，个体工商户能够享受"六税两费"减免政策的项目包括（ ）。

A. 城镇土地使用税　　B. 车辆购置税　　C. 房产税
D. 教育费附加　　　　E. 环境保护税

解析 2023年1月1日至2027年12月31日，对增值税小规模纳税人、小型微利企业和个体工商户，减半征收资源税、城市维护建设税、房产税、城镇土地使用税、印花税

（不含证券交易印花税）、耕地占用税和教育费附加、地方教育附加。增值税小规模纳税人、小型微利企业和个体工商户已依法享受印花税其他优惠政策的，可叠加享受本项优惠政策。

【答案】ACD

【多选题】A公司将其拥有的省外房产出售给B公司，在办理房产过户手续时，A公司应在房产所在地缴纳的税费有(　　)。

A. 预缴企业所得税
B. 契税
C. 预缴增值税及附加税费
D. 房产的产权转移书据印花税
E. 土地增值税

【解析】不动产产权发生转移的，纳税人应当向不动产所在地的主管税务机关申报缴纳印花税；企业应在房产所在地预缴增值税及附加税费；土地增值税的纳税地点为房地产所在地。

【答案】CDE

高频考点 · 土地增值税 ★★

【单选题】房地产开发企业2023年申报缴纳应预缴的土地增值税时，使用的申报表是(　　)。

A. 土地增值税税源明细表
B. 土地增值税预缴申报表
C. 土地增值税纳税申报表
D. 财产和行为税纳税申报表

【解析】目前城镇土地使用税、房产税、契税、耕地占用税、土地增值税、印花税、车船税、烟叶税、环境保护税、资源税等税种已经实现了联合申报，一并填写在《财产和行为税纳税申报表》中；上述税种进行预缴申报和纳税申报时，先填写相应税种的税源明细表，之后税源明细表的数字自动转入《财产和行为税纳税申报表》，从而完成预缴申报和纳税申报。

【答案】D

【单选题】在土地增值税清算时，房地产开发企业发生利息支出不能提供金融机构贷款证明的，其允许扣除的房地产开发费用是(　　)。

A. 房地产开发成本×5%以内
B. 取得土地使用权所支付的金额×10%以内
C.（取得土地使用权支付的金额＋房地产开发成本）×5%以内
D.（取得土地使用权支付的金额＋房地产开发成本）×10%以内

【解析】纳税人能够提供金融机构的贷款证明的，其允许扣除的房地产开发费用为利息＋（取得土地使用权所支付的金额＋房地产开发成本）×5%以内；纳税人不能提供金融机构贷款证明的，其允许扣除的房地产开发费用为（取得土地使用权所支付的金额＋房地产开发成本）×10%以内。

【答案】D

■ 拓展 销售旧房及其建筑物扣除项目金额的审核（地成本+房成本+税）

（1）地成本：取得土地使用权所支付的地价款和按国家统一规定缴纳的有关费用。（地没有折旧，按原取得成本扣除）

（2）房成本：旧房及建筑物的评估价格=重置成本价×成新度折扣率。（适当考虑房屋增值，房有折旧，×成新度后扣除）

（3）税：在转让环节缴纳的税金：城建税、教育费附加、印花税。

特别提示：

（1）不能取得评估价格，但能提供购房发票的，经当地税务部门确认，可按发票所载金额并从购买年度起至转让年度止每年加计5%计算扣除。

其中："每年"实质按购房发票所载日期起至售房发票开具之日止，每满12个月计一年；超过一年，未满12个月但超过6个月的，可以视同为一年。

对纳税人购房时缴纳的契税，凡能提供契税完税凭证的，准予作为"与转让房地产有关的税金"予以扣除，但不作为加计5%的基数。（房在增值，契税没有增值）

（3）既没有评估价格，又不能提供购房发票的，税务机关可以核定征收。

【多选题】房地产开发企业中的增值税一般纳税人，销售其开发的房地产项目（不属于选择简易计税的老项目），其销售额应以取得的全部价款和价外费用，扣除受让土地时支付的（　　）。

A. 向政府部门支付的征地费用
B. 向政府部门支付的拆迁补偿费用
C. 向其他单位或个人支付的拆迁补偿费用
D. 向其他单位或个人支付的土地出让收益
E. 向建筑企业支付的土地前期开发费用

解析 房地产开发企业中的一般纳税人销售其开发的房地产项目（选择简易计税方法的房地产老项目除外），以取得的全部价款和价外费用，扣除受让土地时向政府部门支付的土地价款后的余额为销售额。"向政府部门支付的土地价款"，包括土地受让人向政府部门支付的征地和拆迁补偿费用、土地前期开发费用和土地出让收益等，在取得土地时向其他单位或个人支付的拆迁补偿费用也允许在计算销售额时扣除。纳税人按上述规定扣除拆迁补偿费用时，应提供拆迁协议、拆迁双方支付和取得拆迁补偿费用凭证等能够证明拆迁补偿费用真实性的材料。

【答案】ABC

【简答题】2024年6月6日，某市甲房地产开发公司（增值税一般纳税人）收到主管税务机关的《土地增值税清算通知书》，要求对其建设的A项目进行清算。

该项目总建筑面积12000平方米，其中，可售建筑面积10000平方米，不可售建筑面积2000平方米（产权属于全体业主所有的公共配套设施）。该项目2023年12月通过全部工程质量验收。

2024年1月该公司开始销售A项目，截止到清算前，可售建筑面积中已售出8600平方米，取得含税销售收入40000万元。该公司对A项目选择一般计税方法。

经审核，A项目从政府部门取得土地使用权所支付的土地价款为7200万元，另按当地规定缴纳了契税216万元；房地产开发成本12000万元，管理费用2000万元，销售费用3600万元，财务费用2500万元（其中利息支出2300万元，无法提供金融机构证明）。

已知：A项目所在省政府规定，房地产开发费用扣除比例为10%。

要求：根据上述资料回答下列问题。

（1）甲房地产开发公司办理清算手续的时限为多久？

【答案】

甲房地产开发公司应当在收到清算通知之日起90日内办理清算手续。

（2）计算允许扣除的土地价款及销项税额的金额。

【答案】

允许扣除的土地价款 =（当期销售房地产项目建筑面积/房地产项目可供销售建筑面积）× 支付的土地价款 = 8600/10000 × 7200 = 6192 万元

销项税额 =（全部价款和价外费用 − 当期允许扣除的土地价款）/（1 + 9%）× 9% =（40000 − 6192）/（1 + 9%）× 9% = 2791.49 万元

（3）计算允许扣除的房地产开发费用的金额。

【答案】

纳税人不能按转让房地产项目计算分摊利息支出或不能提供金融机构贷款证明，因此，其允许扣除的房地产开发费用 =（取得土地使用权所支付的金额 + 房地产开发成本）× 10% 以内。

允许扣除的房地产开发费用 =（7200 + 216 + 12000）× 8600/10000 × 10% = 1669.78 万元

（4）房地产开发企业接受建筑安装服务取得的增值税发票在计算土地增值税扣除时，提供建筑安装服务方开具有何要求？

【答案】土地增值税纳税人接受建筑安装服务取得的增值税发票，开具方应在发票的备注栏注明建筑服务发生地县（市、区）名称及项目名称，否则不得计入土地增值税扣除项目金额。

拓展　土地增值税不同行为的征税规定

征税行为	相关税务处理方法
合作建房	建成后按比例分房自用，暂免征税（未转让）；建成后转让的，征税（转让）
房地产抵押	抵押期间，不征税（未转让）；待抵押期满后，如果以房地产抵债发生产权转让的，属于土地增值税的征税范围（转让）
房地产出租	产权未转让，不征税
房地产评估增值	产权未转让，不征税

续表

征税行为	相关税务处理方法
房地产的继承	继承不属于土地增值税的征税范围（继承≠有偿转让，人权）
房地产的赠与	不征收土地增值税的房地产赠与行为： （1）将房屋产权、土地使用权赠与<u>直系亲属或承担直接赡养义务人</u>的行为。 （2）通过中国境内非营利的社会团体、国家机关将房屋产权、土地使用权赠与教育、民政和其他社会福利、公益事业的行为。（≠有偿转让） 除以上两种情况外的赠与行为，均应征税
房地产转为自用或出租	房地产开发企业将开发的部分房地产转为企业自用或用于出租等商业用途，如果<u>未发生产权转让不征税</u>
国家收回或征用	国家收回国有土地使用权、征用地上建筑物及附着物，免征（国家行为，征收≠有偿转让）
房地产代建行为	<u>产权未转让，不征税</u>
非房地产开发企业改制重组 （政策延期至2027年12月31日）	（1）非公司制企业整体改制为有限责任公司或者股份有限公司，有限责任公司（股份有限公司）整体改制为股份有限公司（有限责任公司），对改制前的企业将房地产转移、变更到改制后的企业，暂不征土地增值税。 （2）两个或两个以上企业合并为一个企业，<u>且原企业投资主体存续的</u>，对原企业将房地产转移、变更到合并后的企业，暂不征土地增值税。 （3）企业分设为两个或两个以上与<u>原企业投资主体相同的</u>企业，对原企业将房地产转移、变更到分立后的企业，暂不征土地增值税。 （4）单位、个人在改制重组时以房地产作价入股进行投资，对其将房地产转移、变更到被投资的企业，暂不征土地增值税

高频考点 · 房产税 ★★

【单选题】下列资产需要缴纳房产税的是（   ）。

A. 某公司建设在农村的食品加工厂的厂房

B. 某公司新建造的水塔

C. 某公司名下星级酒店的室内游泳池

D. 某公司办公楼外用来养殖热带植物的玻璃暖房

解析　选项A，房产税征税范围不包括农村；选项B、D，独立于房屋之外的建筑物，如围墙、烟囱、水塔、变电塔、油池油柜、酒窖菜窖、酒精池、糖蜜池、室外游泳池、玻璃暖房、砖瓦石灰窑以及各种油气罐等，不属于房产，不缴纳房产税。

【答案】C

129

【单选题】某房屋租赁公司（自有房产）为吸引租户，采取新租户租赁商铺享受免交房租政策。出租房产在免租期内的房产税应该（　　）。

A. 不需要缴纳

B. 由房屋租赁公司以同类房租为依据按规定计算缴纳

C. 由房屋租赁公司以房产原值为依据按规定计算缴纳

D. 由房屋租赁公司以租金为依据按规定计算缴纳

【解析】对出租房产，租赁双方签订的租赁合同约定有免收租金期限的，免收租金期间由产权所有人按照房产原值缴纳房产税。

【答案】C

【简答题】A房地产开发公司2023年9月自行建造开发了一幢建筑物，共5层：

第一层对外销售，取得转让收入6000万元；

第二层对外出租，每年收取租金300万元；

第三层作为投资，与乙公司建立了合资公司C公司，A公司与乙公司共同承担投资风险，在该项投资中房屋产权已发生转移；

第四层作为投资，与丙公司成立了合资公司E公司，A公司不承担投资风险，每年收取固定利润80万元，在该项投资中房屋产权未发生转移；

第五层作为A公司本单位的办公用房。

要求：请分析上述行为应如何缴纳土地增值税、房产税（无须计算金额）。

【答案】

第一层对外销售，应该按照销售不动产计算缴纳土地增值税；销售后由于产权发生转移，因此应该由购买方从价计征房产税。

第二层对外出租，由于对外出租产权未发生变化，无须缴纳土地增值税；A房地产公司需要按照租金收入从租计征房产税。

第三层属于共担风险的投资，由于投资方为房地产开发公司，在该项投资中房屋产权已发生转移，因此该项行为应计算缴纳土地增值税；同时由被投资方C公司交纳房产税。

第四层取得固定利润的投资（不承担投资风险），由于该项投资行为中产权未发生转移，因此无须缴纳土地增值税；同时由A房地产开发公司按照租金收入从租计征房产税。

第五层自用，产权未转移，不属于土地增值税的征税范围；A由房地产公司从价计征房产税。

【简答题】企业为增值税一般纳税人，2023年违规建造了临时仓库，后被有关部门认定，不符合城市规划，属于违法建设，要求该企业将其拆除。

要求：根据上述资料依次回答下列问题。

（1）未经批准建造的仓库，拆除之前是否需要缴纳房产税？

【答案】

应按规定征收房产税。

根据《中华人民共和国房产税暂行条例》的有关规定，房产税由产权所有人缴纳；产权所有人、承典人不在房产所在地的，或产权未确定及租典纠纷未解决的，由房产代管人或使用人缴纳。

(2) 被拆除时违章建筑对应的进项税额是否允许扣除？

【答案】

不允许抵扣进项税额。

该企业投入资金建造的临时仓库属于违法建筑，需要拆除属于非正常损失（管理不善）的不动产，其对应的进项税额不得抵减销项税额。

(3) 列举哪些进项税额不得抵扣。

【答案】

下列项目的进项税额不得从销项税额中抵扣：

① 用于简易计税方法计税项目、免征增值税项目、集体福利或者个人消费的购进货物或者应税劳务；

② 非正常损失的购进货物，以及相关的劳务和交通运输服务；

③ 非正常损失的在产品、产成品所耗用的购进货物（不包括固定资产）、劳务和交通运输服务；

④ 国务院规定的其他项目。

(4) 违章建筑拆除损失在企业所得税前能否扣除？

【答案】

不可以税前扣除。

按照《中华人民共和国企业所得税法》及其实施条例的规定，上述损失属于违法支出，企业因违法行为而发生的支出不得从税前扣除。

高频考点 · 城镇土地使用税 ★

【单选题】下列关于城镇土地使用税的说法中，不正确的有(　　)。

A. 城镇土地使用税采用按年计算、分期缴纳的方式

B. 城镇土地使用税的纳税地点为企业机构所在地

C. 农村土地不征收城镇土地使用税

D. 土地使用权未确定或权属纠纷未解决的，由实际使用人纳税

解析　选项 B，城镇土地使用税的纳税地点为土地所在地。

【答案】B

【简答题】某公司 2023 年度发生房产相关业务如下：

(1) 2023 年 3 月 18 日新建办公楼竣工并投入使用，已知建造该办公楼的土地于 2022 年 2 月 12 日取得，土地总价 2000 万元，取得时缴纳契税 80 万元。建造该办公楼发生建筑服务支出，取得增值税专用发票合计金额 1000 万元，税额 90 万元。办公楼电梯是自行采购并单独计入固定资产，采购并安装电梯取得增值税专用发票合计金额 200 万元，税额 26 万元。

(2) 2023年5月随着新建办公楼投入使用,将闲置的原办公楼整体出租,已知原办公楼原值500万元,根据合同约定租赁期为2023年5月16日至2025年5月15日,前两个半月免收租金,免租期到期后,自2023年8月起按月收取租金,每月不含税租金4万元。

已知:所在地房产原值扣除比例为30%,下述计算结果均以万元为单位,保留两位小数。

要求:根据以上资料依次回答下列问题。

(1) 新建办公楼的宗地和房产分别应在什么时候开始缴纳城镇土地使用税和房产税?

【答案】通过招标、拍卖、挂牌方式取得的建设用地,不属于新征用的耕地,纳税人应按照有关规定,从合同约定交付土地时间的次月起缴纳城镇土地使用税;合同未约定交付土地时间的,从合同签订的次月起缴纳城镇土地使用税。委托施工企业建房的,从办理验收手续之日的次月起缴纳房产税。

因此,建造该办公楼的土地应从2022年3月开始缴纳城镇土地使用税;办公楼应从2023年4月开始缴纳房产税。

(2) 确定新建办公楼计算缴纳房产税时计入房产原值范围以及金额。

【答案】

新建办公楼计算缴纳房产税时,地价、建造成本、与房屋不可分割的各种附属设备或一般不单独计算价值的配套设施均应计入房产原值。

地价:包括为取得土地使用权支付的价款,土地总价和契税的金额合计 = 2000 + 80 = 2080万元。

建造成本:1000万元。

与房屋不可分割的各种附属设备或一般不单独计算价值的配套设施:电梯200万元。

(3) 针对原办公楼出租,免租期间的增值税和房产税应该如何处理?

【答案】

增值税:纳税人出租不动产,租赁合同中约定免租期的,不属于规定的视同销售服务,无须缴纳增值税。

房产税:对出租房产,租赁双方签订的租赁合同约定有免收租金期限的,免收租金期间由产权所有人按照房产原值缴纳房产税。

(4) 计算新建办公楼和原办公楼2023年应纳的房产税金额。

【答案】

新建办公楼应缴纳房产税的金额 = (2000 + 1000 + 200 + 80) × (1 - 30%) × 1.2%/12 × 9 = 20.66万元。

原办公楼应缴纳房产税的金额 = 500 × (1 - 30%) × 1.2%/12 × 7 + 4 × 5 × 12% = 4.85万元

高频考点 · 契税 ★

【单选题】房地产开发企业购买土地使用权进行开发时缴纳的契税,正确的会计处理是(   )。

A. 计入固定资产作为固定资产核算　　B. 作为开发成本核算
C. 作为开发费用核算　　D. 作为无形资产核算

解析　房地产企业购入的土地使用权如果土地购入后就进行开发，计入开发成本；如果土地购入后作为土地储备，应计入无形资产。

【答案】B

【多选题】下列业务中需要缴纳契税的有(　　)。
A. 甲企业对外以房产进行投资
B. 乙企业购买一栋位于郊区的办公楼
C. 李某以自有房产投入本人经营的企业
D. 丙公司将自有房产通过社会公益组织对外捐赠
E. 丁公司接受捐赠的房产

解析　选项A，投资方不缴纳契税，应由被投资企业缴纳；选项C，以自有房产投入本人经营的企业可以享受免税优惠；选项D，应由接受捐赠方缴纳契税。

【答案】BE

拓展　契税的征税范围

(1) 国有土地使用权出让。(一级市场)

(2) 土地使用权转让：包括出售、赠与和交换，不包括土地承包经营权和土地经营权的转移（涉农）。

特别提示：对纳税人因改变土地用途而签订土地使用权出让合同变更协议或者重新签订土地使用权出让合同的，应征收契税；计税依据为因改变土地用途应补缴的土地收益金及应补缴政府的其他费用。

(3) 房屋买卖：如以房产抵债或实物交换房屋，产权承受人按房屋现值缴纳契税；以房产作投资或作股权转让，由产权承受方按投资房产价值或买价缴纳契税；买房拆料或翻建新房，按买价计算缴纳契税。

(4) 房屋赠与：个人无偿赠与不动产行为，由受赠人缴纳契税；获奖方式取得房屋产权的，照章缴纳契税。

(5) 房屋交换：双方交换价值相等，免纳契税；交换价值不相等时，按超出部分由支付差价方缴纳契税。

(6) 房屋附属设施的征收规定

① 对于承受与房屋相关的附属设施所有权或土地使用权的行为，征收契税；对于不涉及土地使用权和房屋所有权转移的，不征收契税。

② 采取分期付款方式购买房屋附属设施土地使用权、房屋所有权的，应按合同总价款计征契税。

③ 承受的房屋附属设施权属如为单独计价的，按当地适用税率计税；如与房屋统一计价的，适用与房屋相同税率。

④ 土地使用者将土地使用权及所附建筑物、构筑物等（包括在建的房屋、其他建筑物、构筑物和其他附着物）转让给他人的，应按照转让总价款计征契税。

（7）下列情形发生土地、房屋权属转移的，承受方应当依法缴纳契税：
① 因共有不动产份额变化的；
② 因共有人增加或者减少的；
③ 因人民法院、仲裁委员会的生效法律文书或者监察机关出具的监察文书等因素，发生土地、房屋权属转移的。

■ **拓展** 契税的计税依据：为不含增值税金额。

土地使用权出让、出售，房屋买卖	土地、房屋权属转移合同确定的成交价格，包括应交付的货币以及实物、其他经济利益对应的价款
土地使用权互换、房屋互换	所互换的土地使用权、房屋价格的差额
土地使用权赠与、房屋赠与以及其他没有价格的转移土地、房屋权属行为	税务机关参照土地使用权出售、房屋买卖的市场价格依法核定的价格
出让国有土地使用权	（1）以划拨方式取得的土地使用权，经批准改为出让方式重新取得该土地使用权的：应由该土地使用权人以补缴的土地出让价款为计税依据。 （2）先以划拨方式取得土地使用权，后经批准转让房地产，划拨土地性质改为出让的：承受方应分别以补缴的土地出让价款和房地产权属转移合同确定的成交价格为计税依据。 （3）先以划拨方式取得土地使用权，后经批准转让房地产，划拨土地性质未发生改变的：承受方以房地产权属转移合同确定的成交价格为计税依据
承受已装修房屋	应将包括装修费用在内的费用计入承受方应交付的总价款
纳税人申报的成交价格、互换价格差额明显偏低且无正当理由的	税务机关依照《中华人民共和国税收征收管理法》规定核定

高频考点 · 资源税 ★

【多选题】下列关于资源税减免税规定，正确的有（   ）。
A. 煤炭开采企业因安全生产需要抽采的煤成（层）气免征资源税
B. 低丰度油气田资源税暂减征30%
C. 二次采油资源税减征30%
D. 深水油气田资源税减征30%
E. 自2023年1月1日至2027年12月31日，对增值税小规模纳税人、小型微利企业和个体工商户减半征收资源税（不含水资源税）、城市维护建设税、房产税、城镇土地使用税、印花税（不含证券交易印花税）、耕地占用税和教育费附加、地方教育附加

解析 选项 B，低丰度油气田资源税暂减征 20%；选项 C，三次采油资源税减征 30%。
【答案】ADE

【多选题】税务师代理审查从量计征应税资源的资源税时，下列表述中不正确的有( )。

A. 对于连续加工而无法正确计算原煤移送使用量的煤炭，可按加工后的煤炭数量作为课税数量
B. 纳税人开采或者生产应税产品销售的，应以销售数量为课税数量
C. 降低或混淆应税产品的等级，应使用低等级的单位税额
D. 代理纳税审查时首先应确定纳税人计税依据是否正确
E. 纳税人开采或者生产应税产品自用的，应以生产数量作为课税数量

解析 选项 A，对于原煤应该从价定率计征资源税，而不是从量定额征收资源税；选项 C，降低或混淆应税产品的等级，应使用高等级的单位税额；选项 E，纳税人开采或者生产应税产品自用的，以自用数量或应税销售额为计税依据。
【答案】ACE

高频考点 · 环境保护税 ★

【多选题】环境保护税法实行( )的新型征管模式。
A. 税务征收　　　　B. 企业申报　　　　C. 专业机构核定
D. 环保协作　　　　E. 信息共享

解析 环境保护税实行"企业申报、税务征收、环保协作、信息共享"新型征管模式。
【答案】ABDE

【单选题】以下属于应征收环境保护税的税目是( )。
A. 商业噪声　　　B. 工业噪声　　　C. 生活噪声　　　D. 服务业噪声

解析 应税噪声污染目前只包括工业噪声。
【答案】B

拓展 污染当量数 = 污染物的排放量/该污染物的污染当量值
理解：0.27 千克二甲苯污染一个单位的大气（二甲苯的污染当量值为 0.27 千克），排放 500 千克二甲苯则可以污染 500/0.27 = 1851.86 个单位的大气。

【多选题】在我国领域和管辖海域内发生下列情形，不需要缴纳环境保护税的有( )。
A. 规模化养殖的养牛场向环境直接排放污水

B. 向依法设立的污水集中处理中心排放污水的化工厂
C. 直接向环境抛弃生活垃圾的家庭
D. 在符合国家环境保护标准的场所贮存废渣的矿山
E. 直接向环境排放污水的学校

解析 选项B、C、D，不需要缴纳环境保护税。

【答案】 BCD

【多选题】 下列属于暂免征收环境保护税的情形有（　　）。
A. 依法设立的城乡生活垃圾集中处理场所排放相应应税污染物，不超过国家和地方规定的排放标准
B. 纳税人综合利用的固体废物，符合国家和地方环境保护标准的
C. 道路移动机械等流动污染源排放应税污染物的
D. 规模化养殖排放应税污染物的
E. 纳税人排放应税大气污染物的浓度值低于国家和地方规定的污染物排放标准30%的

解析 本题容易错选E。选项D，农业生产（不包括规模化养殖）排放应税污染物的，暂予免征环境保护税；选项E，纳税人排放应税大气污染物或者水污染物的浓度值低于国家和地方规定的污染物排放标准30%的，减按75%征收环境保护税。

【答案】 ABC

拓展 环境保护税的税收优惠

1. 暂免征税的项目
（1）农业生产（不包括规模化养殖）排放应税污染物的。
（2）机动车、铁路机车、非道路移动机械、船舶和航空器等流动污染源排放应税污染物的。（抓不住）
（3）依法设立的城乡污水集中处理、生活垃圾集中处理场所排放相应应税污染物，不超过国家和地方规定的排放标准的。
（4）纳税人综合利用的固体废物，符合国家和地方环境保护标准的。
（5）国务院批准免税的其他情形。

2. 减征税额的项目
（1）纳税人排放应税大气污染物或者水污染物的浓度值低于国家和地方规定的污染物排放标准30%的，减按75%征收环境保护税。
（2）纳税人排放应税大气污染物或者水污染物的浓度值低于国家和地方规定的污染物排放标准50%的，减按50%征收环境保护税。

高频考点 · 社会保险费 ★

【单选题】 不属于决定企业、机关事业单位缴纳基本养老保险金额指标的是（　　）。
A. 缴费基数　　　B. 缴费比例　　　C. 缴费年限　　　D. 缴费人数

解析 企业、机关事业单位作为缴费人，应缴纳基本养老保险金额取决于：缴费人数，

缴费基数，缴费比例（包括代扣个人缴费的比例）等三项指标。

【答案】C

【单选题】根据个人基本养老保险扣缴的现行政策，个人基本养老保险扣缴基数按照上年当地在岗职工平均工资( )为依据。

A. 下限50%，上限400%
B. 下限60%，上限400%
C. 下限60%，上限300%
D. 下限50%，上限300%

解析　基本养老保险关于个人缴费基数的上下限，现在是以当地统计部门公布的上年职工平均工资作为依据计算的，下限为当地上年度在岗职工平均工资60%，上限为300%。

【答案】C

【多选题】下列关于社会保险费的说法中，不正确的有( )。

A. 基本医疗保险由用人单位和职工本人共同缴纳
B. 工伤保险由用人单位和职工本人共同缴纳
C. 失业保险用人由单位和职工本人共同缴纳
D. 基本养老保险由用人单位和职工本人共同缴纳
E. 生育保险未纳入基本医疗保险统一缴纳

解析　选项B，工伤保险的缴纳主体是用人单位；选项E，生育保险基金已经并入职工基本医疗保险基金。

【答案】BE

第四章 涉税会计核算

■ 考情分析

1. 重要程度：本章节属于次重点章节，分值为6~10分。
2. 考查题型：结合近5年真题，单选题、多选题、简答题、综合题的形式均会进行考查。

■ 考点分布

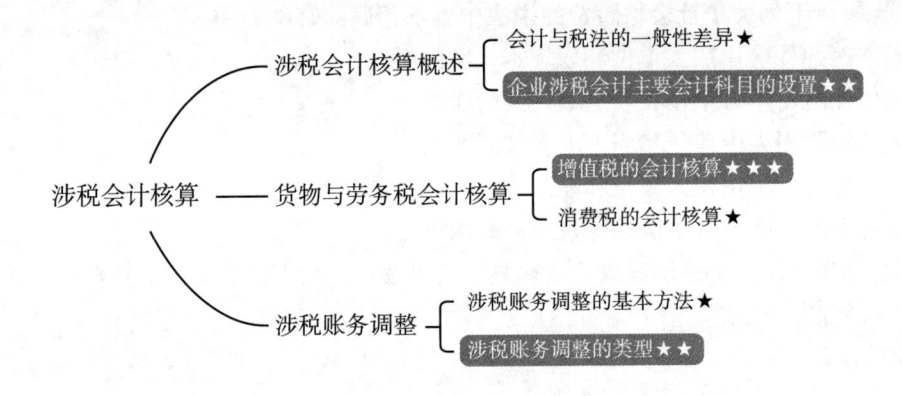

```
                          ┌─ 会计与税法的一般性差异★
        ┌─ 涉税会计核算概述 ─┤
        │                 └─ 企业涉税会计主要会计科目的设置★★
        │
涉税会计核算 ─┤                 ┌─ 增值税的会计核算★★
        ├─ 货物与劳务税会计核算 ─┤
        │                 └─ 消费税的会计核算★
        │
        │                 ┌─ 涉税账务调整的基本方法★
        └─ 涉税账务调整 ───┤
                          └─ 涉税账务调整的类型★★
```

【高频考点】 **会计与税法的一般性差异★**

【单选题】下列形成应纳税暂时性差异的经济行为是(　　)。

A. 研究开发费用的加计扣除
B. 计提存货跌价准备
C. 非公益性捐赠列支营业外支出
D. 税前一次性扣除新购置的价值500万以下固定资产符合

解析 选项A，在当期扣除未来期间也不会进行调整，属于当期差异不属于暂时性差异；选项B，属于可抵扣暂时性差异；选项C，非公益性捐赠列支为营业外支出在税前不得扣除，属于永久性差异。

【答案】 D

【多选题】某制造企业的下列会计处理有可能属于增值税视同销售行为的有(　　)。

A. 借：主营业务成本　　　B. 借：营业外支出　　　C. 借：管理费用
　　贷：库存商品　　　　　　贷：库存商品　　　　　　贷：库存商品

D. 借：应付职工薪酬　　　　E. 借：利润分配
　　贷：库存商品　　　　　　　贷：原材料

解析 选项B，将自产、购进的货物无偿赠送，会计核算中未做销售，税法中应视同销售缴纳增值税；选项D，将自产的货物用于集体福利或个人消费，会计核算中未做销售，税法中应视同销售缴纳增值税；选项E，将外购的原材料分配给股东或投资者，会计核算中未做销售，应视同销售缴纳增值税。

【答案】 BDE

【单选题】 下列业务中，属于会计应确认收入但增值税纳税义务尚未发生的是(　　)。
A. 以预收款方式销售货物，款项已收到、货物尚未发出
B. 委托他人代销货物，货物已交付受托方，尚未收到代销清单和销售款项
C. 直接收款方式销售货物，发票已开具但货物尚未发出、款项尚未收取
D. 分期收款方式销售货物，货物已交付购买方，但尚未到合同约定收款日期且未收款

解析 选项A，会计不确认收入，增值税纳税义务未发生；选项B，会计不确认收入，纳税义务未发生；选项C，会计不确认收入，增值税纳税义务已经发生。

【答案】 D

高频考点·企业涉税会计主要会计科目的设置★★

【单选题】 下列税金通过应交税费科目核算的是(　　)。
A. 房产税　　　　B. 契税　　　　C. 耕地占用税　　　　D. 车辆购置税

解析 应交税费科目核算企业应缴纳的各种税费，包括增值税、消费税、所得税、资源税、土地增值税、城市维护建设税、房产税、城镇土地使用税、车船税、教育费附加、地方教育附加等。

【答案】 A

【单选题】 房地产开发企业对开发项目全部竣工结算前转让房地产取得的预收款，按规定预缴的土地增值税正确的会计处理是(　　)。
A. 借：应交税费——应交土地增值税
　　贷：银行存款
B. 借：管理费用——税金
　　贷：银行存款
C. 借：税金及附加
　　贷：银行存款
D. 借：其他应付款——预交土地增值税
　　贷：银行存款

解析 纳税人在项目全部竣工结算前转让房地产取得的收入，应预征土地增值税，待该项目全部竣工、办理结算后再进行清算。会计核算方法是：借记"应交税费——应交土地

增值税"科目,贷记"银行存款"等科目。

【答案】A

【单选题】发生纳税义务应借记资产成本而非税金及附加科目的税种是( )。
A. 房产税　　　　B. 城镇土地使用税　　　C. 车船税　　　　D. 车辆购置税

解析　选项A、B、C,企业按规定计算应缴的房产税、城镇土地使用税、车船税,借记"税金及附加"科目。

【答案】D

【单选题】某企业购进房产缴纳印花税会计核算分录是( )。
A. 借:税金及附加
　　贷:银行存款
B. 借:固定资产
　　贷:银行存款
C. 借:固定资产
　　贷:应交税费——应交印花税
D. 借:管理费用
　　贷:银行存款

解析　缴纳的印花税应计入"税金及附加"科目。

【答案】A

【单选题】企业按期计提车船税时,会计分录是( )。
A. 借:管理费用
　　贷:应交税费——应交车船税
B. 借:税金及附加
　　贷:应交税费——应交车船税
C. 借:应交税费——应交车船税
　　贷:银行存款
D. 借:固定资产
　　贷:应交税费——应交车船税

解析　"应交税费"科目核算增值税、消费税、所得税、资源税、土地增值税、城市维护建设税、房产税、城镇土地使用税、车船税、教育费附加、地方教育附加等;"税金及附加"科目核算企业经营活动发生的消费税、城市维护建设税、资源税、教育费附加及房产税、城镇土地使用税、车船税、印花税等相关税费。

【答案】B

【多选题】企业下列业务中,不通过"其他收益"核算的有( )。
A. 符合条件的小型微利企业减免的企业所得税

B. 出口货物退回的增值税进项税额

C. 加计抵减的增值税税额

D. 收到申请核准退回的留抵退税款项

E. 收到个人所得税缴纳税款手续费

解析 选项A，小型微利企业减免的应交所得税，应借记"所得税费用"，贷记"应交税费——应交企业所得税"；选项B，企业收到出口退税款，应借记"银行存款"科目，贷记"应收出口退税款"科目；选项D，企业取得退还的留抵税额，应借记"银行存款"科目，贷记"应交税费——增值税留抵税额"科目。

【答案】ABD

高频考点·增值税的会计核算 ★★★

【多选题】下列专栏通常计入"应交税费——应交增值税"贷方的有(   )。

A. 待抵扣进项税额　　B. 销项税额抵减　　C. 进项税额转出

D. 减免税款　　　　　E. 转出多交增值税

解析 一般纳税人的增值税会计核算方法（11+10）：

一般纳税人在"应交税费"科目下设置11个二级科目：

① 应交增值税（一般计税方式下计算增值税税额，最终转入未交增值税；下设10个专栏）

借方专栏（减少应交税费）	贷方专栏（增加应交税费）
进项税额	销项税额
销项税额抵减（减少销项）	出口退税
已交税金	进项税额转出（减少进项）
减免税款	转出多交增值税 （期末结转，借：应交税费——未交增值税）
出口抵减内销产品应纳税额	
转出未交增值税 （期末结转，贷：应交税费——未交增值税）	

② 未交增值税

③ 预交增值税（纳税人预交的增值税，最终转入未交增值税进行汇算）

④ 待抵扣进项税额（处于待抵扣状态的进项税额，未来抵扣时转入进项税额）

⑤ 待认证进项税额（处于待认证状态的进项税额，认证后转入进项税额）

⑥ 待转销项税额（未达到增值税纳税义务时点，达到时转入销项税额）

⑦ 增值税留抵税额

⑧ 简易计税（一般纳税人选用简易计税时）

⑨ 转让金融商品应交增值税

⑩ 代扣代交增值税（购买方代扣代缴的增值税）
⑪ 增值税检查调整

逻辑框架图：

一般纳税人增值税的会计核算（11个二级科目＋10个专栏）

常规业务：

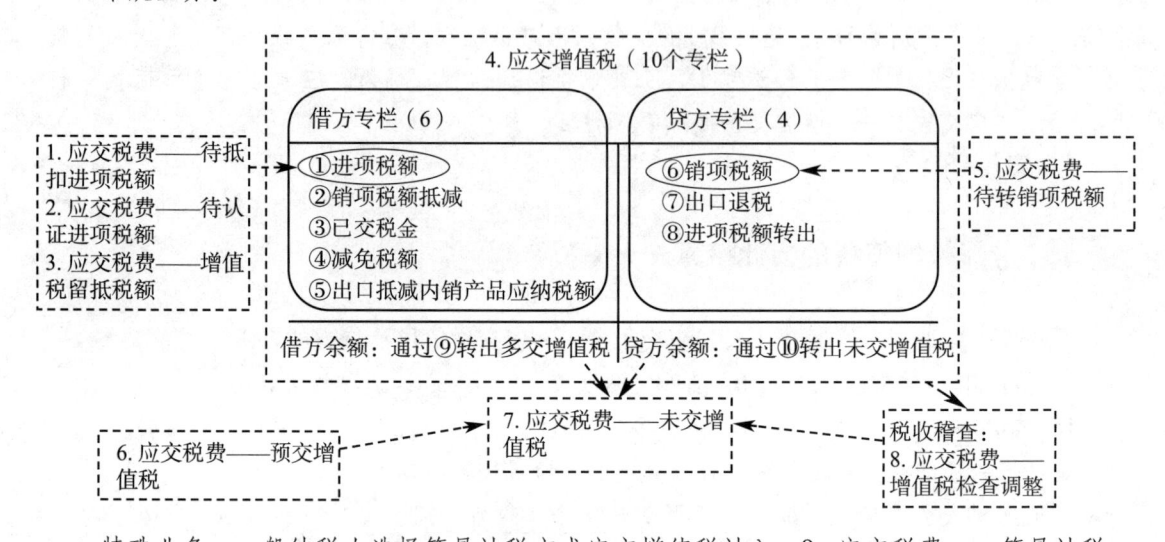

```
                        4.应交增值税（10个专栏）
                    ┌─────────────────────────────┐
                    │  借方专栏（6）  │  贷方专栏（4）│
1.应交税费——        │ ①进项税额      │ ⑥销项税额    │    5.应交税费——
  待抵扣进项税额    │ ②销项税额抵减  │ ⑦出口退税    │      待转销项税额
2.应交税费——待认   │ ③已交税金      │ ⑧进项税额转出 │
  证进项税额        │ ④减免税款      │              │
3.应交税费——增值  │ ⑤出口抵减内销  │              │
  税留抵税额        │   产品应纳税额  │              │
                    │ 借方余额：通过⑨转出多交增值税│
                    │           贷方余额：通过⑩转出未交增值税│
                    └─────────────────────────────┘
                              ↓                ↓
     6.应交税费——预交增      7.应交税费——未交      税收稽查：
       值税                    增值税                8.应交税费——
                                                      增值税检查调整
```

特殊业务：一般纳税人选择简易计税方式应交增值税计入：9.应交税费——简易计税；

一般纳税人转让金融商品应交增值税计入：10.应交税费——转让金融商品应交增值税；

一般纳税人代扣代交增值税计入：11.应交税费——代扣代交增值税。

【答案】ACE

【多选题】下列通常在"应交税费——应交增值税"明细账借方核算的专栏有(　　)。

A. 转出多交增值税　　　B. 转出未交增值税　　　C. 出口退税

D. 减免税款　　　　　　E. 销项税额抵减

🔍 解析　选项A、C，通常应在"应交税费——应交增值税"的贷方专栏核算。

【答案】BDE

【单选题】下列会计科目中，小规模纳税人可能使用的是(　　)。

A. 应交税费——应交增值税（减免税款）

B. 应交税费——未交增值税

C. 应交税费——转让金融商品应交增值税

D. 应交税费——应交增值税（简易计税）

🔍 解析　增值税小规模纳税人通常只需在"应交税费"科目下设置"应交增值税"明细科目，不需要设置专栏，但需要设置"转让金融商品应交增值税""代扣代交增值税"两个明细科目。

【答案】C

【单选题】小规模纳税人缴纳当期应缴纳的增值税,通常应通过应交税费下设(　　)明细科目核算。

A. 预交增值税　　　　B. 应交增值税　　　　C. 简易计税　　　　D. 未交增值税

解析　小规模纳税人缴纳增值税通过"应交税费——应交增值税"科目核算。

【答案】B

【单选题】甲公司为增值税一般纳税人,2024年8月销售一栋"营改增"前外购的房产,选择简易计税办法,在房产所在地预缴增值税时,会计核算的借方科目应为(　　)。

A. 应交税费——简易计税　　　　B. 应交税费——已交税金
C. 应交税费——应交增值税　　　　D. 应交税费——预缴增值税

解析　"应交税费——简易计税"明细科目,核算一般纳税人采用简易计税方法发生的增值税计提、扣减、预缴、缴纳等业务。

【答案】A

【单选题】纳税人取得退还的增量留抵税额,正确的会计处理是(　　)。

A. 借:银行存款
　　贷:应交税费——应交增值税（进项税额）
B. 借:银行存款
　　贷:应交税费——未交增值税
C. 借:银行存款
　　贷:应交税费——应交增值税（进项税额转出）
D. 借:银行存款
　　贷:营业外收入

解析　对同时符合留抵退税条件的纳税人,可以向主管税务机关申请退还增量留抵税额,纳税人取得退还的留抵税额后,应相应调减当期留抵税额。具体会计处理为:借记"银行存款"科目,贷记"应交税费——应交增值税（进项税额转出）"科目。

【答案】C

【单选题】税务机关核准的可以准予退还的留抵税额,应计入的贷方科目是(　　)。

A. 应交税费——未交增值税
B. 其他收益
C. 应交税费——增值税留抵税额
D. 应交税费——应交增值税（进项税额转出）

解析　纳税人申请税务机关准予留抵退税时:
借:应交税费——增值税留抵税额
　　贷:应交税费——应交增值税（进项税额转出）
在实际收到留抵退税款项时:
借:银行存款

贷：应交税费——增值税留抵税额

【答案】D

【单选题】企业支付增值税税控系统专用设备的技术维护费用，可按规定抵减的增值税应纳税额，贷方记入的科目是(   )。

A. 应交税费——应交增值税（进项税额转出）
B. 管理费用
C. 其他收益
D. 营业外收入

解析　企业初次购买增值税税控系统专用设备支付的费用以及缴纳的技术维护费允许在增值税应纳税额中全额抵减的，按规定抵减的增值税应纳税额，应：借记"应交税费——应交增值税（减免税款）"科目（小规模纳税人借记"应交税费——应交增值税"科目），贷记"管理费用"等科目。

【答案】B

【单选题】2024年9月企业支付税控设备维护费并取得发票，该企业会计核算的借方科目是(   )。

A. 应交税费——应交增值税（销项税额）
B. 应交税费——应交增值税（进项税额）
C. 应交税费——应交增值税（销项税额抵减）
D. 应交税费——应交增值税（减免税款）

解析　企业初次购买增值税税控系统专用设备支付的费用以及缴纳的技术维护费允许在增值税应纳税额中全额抵减的，按规定抵减的增值税应纳税额，应：借记"应交税费——应交增值税（减免税款）"科目（小规模纳税人借记"应交税费——应交增值税"科目），贷记"管理费用"等科目。

【答案】D

【多选题】企业增值税一般计税方法，在会计核算时会使用到"应交税费——预交增值税"科目的业务有(   )。

A. 商业企业出租包装物收取的押金
B. 工业企业销售货物预收的货款
C. 建筑公司建造写字楼预收的工程款
D. 房地产开发公司销售商品房预收的销售款
E. 工业企业分期收款方式销售货物收到的款项

解析　选项A、B、E，不涉及预缴增值税。

【答案】CD

【单选题】房地产企业（增值税一般纳税人），预售楼盘收到首付款应预缴增值税时的会计分录是(　　)。

A. 借：应交税费——应交增值税（预交增值税）
   贷：银行存款
B. 借：应交税费——应交增值税（转出未交增值税）
   贷：银行存款
C. 借：应交税费——未交增值税
   贷：银行存款
D. 借：应交税费——预交增值税
   贷：银行存款

解析　企业预缴增值税时，借记"应交税费——预交增值税"科目，贷记"银行存款"科目；"预交增值税"明细科目核算一般纳税人转让不动产、提供不动产经营租赁服务、提供建筑服务、采用预收款方式销售自行开发的房地产项目等，以及其他按现行增值税制度规定应预缴的增值税额。

【答案】D

【简答题】甲企业为增值税一般纳税人，2023年12月购入一栋房产，支付价款2600万元，税额234万元。购入当月用于职工食堂和健身中心。2025年3月，用于生产经营，累计折旧143万元。

(1) 房产在投入使用时进项税能否抵扣？并写出相关会计分录。

【答案】购入不动产用于集体福利，进项税不得抵扣，应计入资产成本。

会计分录：

借：固定资产　　　　　　　　　　　　　　　　　　　　　　　　　　2834
　　贷：银行存款　　　　　　　　　　　　　　　　　　　　　　　　　2834

(2) 房产用途变更时，进项税如何处理？并写出相关会计分录。

【答案】房产转变用途用于生产经营可以抵扣进项税额，可在改变用途的次月，按房产的净值计算可以抵扣的进项税额。

不动产净值率 = 不动产净值/不动产原值 = 2691/2834 = 94.95%

可抵扣进项税额 = 增值税扣税凭证注明或计算的进项税额 × 不动产净值率 = 234 × 94.95% = 222.18万元

会计分录：

借：应交税费——应交增值税（进项税额）　　　　　　　　　　　　　222.18
　　贷：固定资产　　　　　　　　　　　　　　　　　　　　　　　　　222.18

高频考点 · 消费税的会计核算 ★

【单选题】随高档手表销售单独计价的包装物，其包装物收入应缴纳的消费税，计入的会计科目是(　　)。

A. 其他业务成本　　　B. 销售费用　　　C. 营业外支出　　　D. 税金及附加

解析　随同产品销售的包装物，不管包装物是否单独计价，均应计缴消费税（计入"税金及附加"科目）。

【答案】 D

高频考点 · 涉税账务调整的基本方法 ★

【单选题】 税务师在纳税审核时，发现企业以前年度少计收益或多计费用的情况时，调账时应(　　)。

A. 借记"利润分配——未分配利润"　　B. 贷记"应交税费——应交所得税"
C. 借记"以前年度损益调整"　　　　　D. 贷记"以前年度损益调整"

解析　企业调整以前年度少计收益或多计费用的情况（增加利润），贷记"以前年度损益调整"；调整减少以前年度利润或增加以前年度亏损（减少利润），借记"以前年度损益调整"。

【答案】 D

拓展　涉税账务调整的基本方法

错账调整方法小技巧：更正调整分录＝冲错误分录再写正确分录，其中："冲"的含义为"借方变贷方、贷方变借方"。

红字冲销法 （冲掉重来）	方法：先用红字冲销原错误的会计分录，再用蓝字重新编制正确的会计分录，重新登记账簿。 适用情形：适用于会计科目用错及会计科目正确但核算金额错误的情况，一般情况下，在及时发现错误，没有影响后续核算的情况下多使用红字冲销法
补充登记法 （会计科目正确，金额少记，补上）	方法：通过编制转账分录，将调整金额直接入账，以更正错账。 适用情形：漏记或错账的会计科目正确，但核算金额小于应计金额的情况
综合账务调整法	方法：将红字冲销法与补充登记法综合运用的账务调整方法。 适用情形：会计分录借贷方，有一方会计科目用错，而另一方会计科目没有错的情况。正确的一方不调整，错误的一方用错误科目转账调整，使用正确科目及时调整（更正调整分录＝正确分录－错误分录）

特别提示：如果调账时错账是在月后发现，而企业又是按月结转利润的（如所得税纳税审查后的账务调整），则影响利润的项目通过"本年利润"科目进行调整。（已将损益类科目结转至"本年利润"，只适用于跨月不跨年的情形）

【单选题】 2024年3月税务师在对某企业2023年企业所得税汇算清缴进行预审时发现

企业将专项工程耗用材料列入"管理费用"科目，金额100000元。

企业会计处理为：

借：管理费用　　　　　　　　　　　　　　　　　　　　　　　100000

　　贷：原材料　　　　　　　　　　　　　　　　　　　　　　　　100000

已知：该企业按月结算利润且2023年度决算报表尚未编制完成。

其正确的调账分录是(　　)。

A. 借：在建工程　　　　　　　　　　　　　　　　　　　　　　100000

　　　贷：管理费用　　　　　　　　　　　　　　　　　　　　　　100000

B. 借：在建工程　　　　　　　　　　　　　　　　　　　　　　100000

　　　贷：本年利润　　　　　　　　　　　　　　　　　　　　　　100000

C. 借：在建工程　　　　　　　　　　　　　　　　　　　　　　100000

　　　贷：原材料　　　　　　　　　　　　　　　　　　　　　　　100000

D. 借：在建工程　　　　　　　　　　　　　　　　　　　　　　100000

　　　贷：以前年度损益调整　　　　　　　　　　　　　　　　　　100000

解析　企业按月结算利润且2023年度决算报表尚未编制完成，对损益类错账通过"本年利润"科目调整。

【答案】B

高频考点·涉税账务调整的类型 ★★

【综合题】税务师2024年5月在审核甲酒厂2024年1月的账务处理时，发现如下问题：

（1）企业将自产的1吨白酒奖励给优秀的员工，该批白酒的成本为80000元，对外不含税销售价格为120000元。

会计处理为：

借：应付职工薪酬　　　　　　　　　　　　　　　　　　　　　95600

　　贷：库存商品　　　　　　　　　　　　　　　　　　　　　　　80000

　　　　应交税费——应交增值税（销项税额）　　　　　　　　　　15600

（2）企业2023年9月1日销售啤酒时收取啤酒的包装物押金11300元。双方约定，2024年1月31日前归还包装物并退还押金，但购货方到期未归还包装物，甲酒厂没收此押金。

会计处理为：

借：其他应付款　　　　　　　　　　　　　　　　　　　　　　11300

　　贷：营业外收入　　　　　　　　　　　　　　　　　　　　　　11300

（3）月初从农业生产者处购进玉米用于生产白酒，收购金额为150000元，取得农产品销售发票，运至加工厂委托其加工白酒，支付运费1000元，取得运输企业开具的增值税普通发票；支付加工费30000元，取得加工厂开具的增值税专用发票，注明增值税税额3900

元。月末收回 2 吨白酒，受托方按同类白酒销售价格计算并代收代缴消费税。甲酒厂收回的白酒拟用于直接销售。（假设适用核定扣除法计算进项税额）

会计处理为：

借：委托加工物资　　　　　　　　　　　　　　　　　　　166000
　　应交税费——应交增值税（进项税额）　　　　　　　　 18900
　　贷：银行存款　　　　　　　　　　　　　　　　　　　　　　　184900
借：税金及附加　　　　　　　　　　　　　　　　　　　　 50000
　　贷：银行存款　　　　　　　　　　　　　　　　　　　　　　　 50000

（4）2023 年 10 月从关联企业免费获得 10 万股股票，关联企业购入时的不含税价格为 100 万元，2024 年 1 月将 10 万股股票对外销售，不含税售价为 250 万元，缴纳增值税 15 万元。

（5）该企业 2023 年 10 月采用预收货款方式销售白酒 1 吨，取得含税销售额 113000 元，企业将收到的款项计入到合同负债中。2024 年 1 月将白酒发给购货方，企业未做任何账务处理。

（6）采购一批包装材料，材料已验收入库，发票尚未收到。购销合同表明的不含税金额 10000 元，增值税额 1300 元。货款暂未支付，企业先暂估入账。

会计处理为：

借：原材料　　　　　　　　　　　　　　　　　　　　　　 10000
　　应交税费——应交增值税（进项税额）　　　　　　　　　 1300
　　贷：应付账款　　　　　　　　　　　　　　　　　　　　　　　 11300

要求：根据上述资料依次回答下列问题。（不考虑增值税和消费税之外的其他税费）

1. 分析资料（1）该企业所做的会计处理是否正确？如果不正确，做出相应的账务调整分录，该企业按年结转利润。

【答案】会计处理不正确。

纳税人自产的应税消费品用于生产非应税消费品和在建工程、管理部门、非生产机构、提供劳务以及用于馈赠、赞助、广告、样品、职工福利、奖励等，均视同对外销售，缴纳消费税。因此，自产的应税消费品用于奖励给职工，会计上应确认收入、结转成本，税法规定应缴纳增值税和消费税。

需要缴纳消费税 = 120000 × 20% + 0.5 × 2000 = 25000 元

调账分录：

借：应付职工薪酬　　　　　　　　　　　　　　　　　　　 40000
　　主营业务成本　　　　　　　　　　　　　　　　　　　　 80000
　　贷：主营业务收入　　　　　　　　　　　　　　　　　　　　　120000
借：税金及附加　　　　　　　　　　　　　　　　　　　　 25000
　　贷：应交税费——应交消费税　　　　　　　　　　　　　　　　 25000

2. 分析资料（2）该企业所做的会计处理是否正确？如果不正确，做出相应的账务调整分录，该企业按年结转利润。

【答案】会计处理不正确。

啤酒出租的包装物押金逾期时，其没收的押金，应缴纳增值税。

收取的啤酒包装物押金，在收取时是不交消费税和增值税的，逾期时需要缴纳增值税，由于啤酒消费税从量计征，所以其包装物押金逾期时也不需要缴纳消费税。

调账分录：

借：营业外收入　　　　　　　　　　　　　　　　　　　　11300
　　贷：其他业务收入　　　　　　　　　　　　　　　　　10000
　　　　应交税费——应交增值税（销项税额）　　　　　　1300

3. 分析资料（3）该企业所做的会计处理是否正确？如果不正确，做出相应的账务调整分录，该企业按年结转利润。

【答案】会计处理不正确。

核定扣除法中，要求产品销售后才核定扣除所耗用农产品的进项税额。委托加工时，农产品的成本按购入粮食的全部成本计算，不得扣除农产品进项税额，相应的进项税额15000元，应先计入"委托加工物资"。

调账分录为：

借：应交税费——应交增值税（进项税额）　　　　　　　-15000
　　贷：委托加工物资　　　　　　　　　　　　　　　　-15000

委托加工的应税消费品，按照受托方的同类消费品的销售价格计算纳税；没有同类消费品销售价格的，按照组成计税价格计算纳税。收回的白酒用于直接销售，其消费税通过委托加工物资科目核算。

需要缴纳消费税 = 120000［业务（1）价格］×2×20% + 0.5×2000×2 = 50000元

借：委托加工物资　　　　　　　　　　　　　　　　　　50000
　　贷：税金及附加　　　　　　　　　　　　　　　　　50000

4. 分析资料（4）该企业的税务处理是否正确？并说明理由。

【答案】税务处理不正确。

纳税人无偿转让股票时，转出方以该股票的买入价为卖出价，按照"金融商品转让"计算缴纳增值税；在转入方将上述股票再转让时，以原转出方的卖出价为买入价，按照"金融商品转让"计算缴纳增值税 = （250 - 100）×6% = 9万元，因此甲企业多缴纳增值税6万元。

5. 分析资料（5）该企业的处理是否正确？如果不正确，并做出相应的账务调整分录，该企业按年结转利润。

【答案】会计处理不正确。

采取预收货款方式销售货物，其增值税纳税义务发生时间为货物发出的当天。纳税人采取预收货款结算方式的，其消费税纳税义务发生时间为发出应税消费品的当天。

因此，该企业1月应确认的增值税销项税额 = 113000/（1 + 13%）×13% = 13000元。该企业1月应纳消费税 = 113000/（1 + 13%）×20% + 2000×0.5 = 21000元。

企业在商品发出时，应将预收的销售款从"合同负债"账户转作产品销售收入，调账分录为：

借：合同负债　　　　　　　　　　　　　　　　　　113000
　　贷：主营业务收入　　　　　　　　　　　　　　100000
　　　　应交税费——应交增值税（销项税额）　　　13000

将应缴纳的消费税款作如下账务处理：
借：税金及附加　　　　　　　　　　　　　　　　　21000
　　贷：应交税费——应交消费税　　　　　　　　　21000

6. 分析资料（6）该企业所做的会计处理是否正确？如果不正确，做出相应的账务调整分录，该企业按年结转利润。

【答案】会计处理不正确。

一般纳税人购进的货物等已到达并验收入库，但尚未收到增值税扣税凭证并未付款的，应在月末按货物清单或相关合同协议上的价格暂估入账，但增值税的进项税额不需要暂估入账。

调账分录如下：
借：应交税费——应交增值税（进项税额）　　　　-1300
　　贷：应付账款　　　　　　　　　　　　　　　　-1300

拓展　涉税账务调整的类型

根据错账发生的时间不同，可将错账分为当期发生的错账和以前年度发生的错账。

对当期错误会计核算的调账方法（即时修改）	可以根据正常会计核算程序，采用红字冲销法、补充登记法、综合账务调整法予以调整。 1. 在本月内发现的错账：调整错账本身即可。（损益类科目还未结转至"本年利润"） 2. 在本月以后发现的错账但未跨年：影响到利润的科目还需要通过"本年利润"科目进行调整（已将损益类科目结转至"本年利润"）
对上一年度错误会计核算的调账方法（关注是否已报出）	1. 在上一年度决算报表编制前发现的错账：可直接调整上年度账项，对于影响利润的错账会计科目须一并调整"本年利润"科目核算的内容。（还未报出可以修改，但已将损益类科目结转至"本年利润"） 2. 在上一年度决算报表编制后发现的错账：（木已成舟，损益类科目已经结转至"留存收益"） （1）不影响上年利润的会计科目，直接调整；（如固定资产、无形资产等非损益类科目） （2）影响上年利润的会计科目，应通过"以前年度损益调整"进行过渡，最终计入"利润分配—未分配利润"

续表

不能直接按审查出的错误金额调整利润情况的账务调整方法	1. 第一种情况：表现为实现的利润 不需进行计算分摊，直接调整利润账户。（单个项目，如购进某项商品无须加工直接对外出售） 2. 第二种情况：需经过计算分摊。（无法准确核算涉及多个项目时，只能近似进行分摊处理） 主要是在材料采购成本、原材料成本的结转、生产成本的核算中发生的错误，应将错误额根据具体情况在期末原材料、在产品、产成品和本期销售产品成本之间进行合理分摊（多个项目，如购进原材料，用于多项产品多步骤进行生产并对外出售）

第五章 涉税鉴证与纳税情况审查服务、税务咨询服务、其他税务事项代理服务

■ 考情分析

1. 重要程度：本部分属于非重点章节，分值为6~8分。考试中经常将教材第六章、第七章、第八章内容结合考查，因此本书将其合并编写。

2. 考查题型：结合近5年真题，通常以单选题、多选题的形式进行考查。

■ 考点分布

涉税鉴证与纳税情况审查服务、税务咨询服务、其他税务事项代理服务
- 涉税鉴证与纳税情况审查服务★
- 税务咨询服务★
- 其他税务事项代理服务★

高频考点 · 涉税鉴证与纳税情况审查服务★

【单选题】对涉税事项的合法性、合理性进行鉴定和证明的服务是（　　）。
A. 纳税申报代理　　　　　　　　B. 涉税鉴证业务
C. 其他税务事项代理　　　　　　D. 纳税情况审查

【解析】涉税鉴证业务是指鉴证人接受委托，按照税收法律法规以及相关规定，对被鉴证人涉税事项的合法性、合理性进行鉴定和证明，并出具书面专业意见的服务活动。

【答案】B

拓展　涉税鉴证业务的种类

包括企业所得税汇算清缴鉴证、研发费用税前加计扣除鉴证、企业资产损失税前扣除鉴证、高新技术企业专项认定鉴证、土地增值税清算鉴证、税务司法鉴定、纳税情况审查服务和其他涉税事项鉴证。(高风险大金额项目)

【单选题】高新技术企业，在计算高新技术产品收入占比的总收入中不包括（　　）。
A. 其他业务收入

B. 营业外收入

C. 符合免税收入的股息等权益性投资收益

D. 符合企业所得税不征税收入的财政补助

解析 高新技术产品（服务）收入是指企业通过研发和相关技术创新活动，取得的产品（服务）收入与技术性收入的总和。总收入是指收入总额减去不征税收入。

【答案】D

拓展 高新技术企业认定专项鉴证应关注事项

（1）被鉴证人是否符合高新技术企业的基本条件

① 是否属于中国境内居民企业，是否成立1年以上。

② 是否通过自主研发、受让、受赠和并购等方式获得对其主要产品（服务）在技术上发挥核心支持作用的知识产权的所有权；对其主要产品（服务）发挥核心支持作用的技术是否属于《国家重点支持的高新技术领域》规定的范围。

③ 被鉴证人从事研发和相关技术创新活动的科技人员占其当年职工总数的比例是否大于等于10%。

④ 创新能力评价是否达到相应要求。

⑤ 被鉴证人申请认定前1年内是否发生重大安全、重大质量事故或严重环境违法行为。

（2）被鉴证人会计核算是否合法合规

① 是否按要求设立研究开发费用辅助核算账目。

② 研发费用归集范围是否合理合法，研发费用核算是否合法准确。

③ 高新技术产品（服务）收入统计口径是否合法准确，收入项目是否客观真实，金额是否真实准确。

④ 总收入和不征税收入是否按照企业所得税法及其实施条例的规定计算。

（3）被鉴证人的研发活动及支出是否客观真实、合理合法，是否建立专门的内控制度。

其中：高新技术产品（服务）收入占比是指高新技术产品（服务）收入与同期总收入的比值；研究开发费用占比是企业近3个会计年度（实际经营期不满3年的按实际经营时间计算）的研究开发费用总额占同期销售收入总额的比值。

【多选题】以下证据资料可以作为涉税鉴证依据的有（　　）。

A. 以审阅、查阅获取的证据材料　　　　B. 以偷拍、偷录等手段获取的证据材料

C. 无正当理由超出举证期限提供的证据材料　D. 以欺诈、胁迫等手段获取的证据材料

E. 以检查、盘点获取的证据材料

解析 下列证据材料不得作为鉴证依据：

（1）违反法定程序收集的证据材料；

（2）以利诱、欺诈、胁迫和暴力等不正当手段获取的证据材料；

（3）以偷拍、偷录和窃听等手段获取侵害他人合法权益的证据材料；

（4）无正当事由超出举证期限提供的证据材料；

（5）无正当理由拒不提供原件、原物，又无其他证据印证，且对方不予认可的证据的复制件、复制品；

(6) 无法辨明真伪的证据材料；

(7) 不能正确表达意志的证人提供的证言；

(8) 不具备合法性、真实性的其他证据材料。

【答案】 AE

【多选题】下列关于税务司法鉴定服务的说法，不正确的有（　　）。

A. 鉴定人符合有关条件、经人民法院许可，可采用出庭以外的方式作证

B. 税务师事务所不得违反相关规定接受刑事诉讼活动中犯罪嫌疑人的委托

C. 税务司法鉴定事项可以包括民事平等主体之间发生的涉税争议事项

D. 委托人提出要求鉴定人回避的，鉴定人应当回避

E. 鉴定人可自行向诉讼当事人及其委托人调查取证

解析 选项D，委托人要求鉴定人回避的，应先向该鉴定人所属的税务师事务所提出，再由税务师事务所决定；选项E，根据相关规定，鉴定人不得违反规定会见诉讼当事人及其委托的人。

【答案】 DE

拓展　发生补充鉴定的情形（对原有鉴定进行补充，原鉴定人进行）

鉴定过程中发生以下情形之一的，税务师事务所可以根据委托人的请求进行补充鉴定：

(1) 原委托鉴定事项有遗漏的；

(2) 委托人就原委托鉴定事项提供新的财务会计资料或证据的；

(3) 其他需要补充鉴定的情形。

补充鉴定应当由原税务师事务所的原鉴定人进行，补充鉴定的鉴定文书应当与原鉴定文书同时使用。发生重新鉴定的情形（推倒原有鉴定，重来，一般由其他鉴定人进行）

拓展　发生重新鉴定的情形

(1) 原鉴定人不具有从事原委托事项相应资格或能力；

(2) 原税务师事务所超出登记的业务范围组织鉴定；

(3) 原鉴定人应当回避而没有回避；

(4) 委托人或者其他诉讼当事人对原鉴定意见有异议，并能提出合法依据和合理理由；

(5) 委托人依照法律、法规规定要求重新鉴定；

(6) 法律、法规规定需要重新鉴定的其他情形。

重新鉴定应当委托原税务师事务所以外的其他税务师事务所进行；因特殊原因，委托人也可以委托原税务师事务所进行，但原税务师事务所应当指定原鉴定人以外的其他符合条件的鉴定人进行。（一般情况换所；特殊情况，不换所但要换人）

鉴定过程中，涉及复杂、疑难、特殊技术问题的，经委托人同意，鉴定人可以向本事务所以外的相关专业领域的专家进行咨询，但最终的鉴定意见应当由本事务所的鉴定人出具；提供咨询意见的专家应当对其发表的意见进行签名并存入鉴定档案。（可以聘请，专家≈帮手）

高频考点 · 税务咨询服务 ★

【多选题】在涉税专业服务中承担税收策划服务可以采取的方法有（　　）。
A. 减免税的方法
B. 利用税法漏洞的方法
C. 税率或征收率差异的方法
D. 延期纳税的方法
E. 不予征税的方法

解析 可以降低税收负担的税收策划方法，主要有：不予征税方法、税率或征收率差异方法、减免税方法、分割方法、扣除方法、延期纳税方法、抵免方法、退税方法等。

【答案】ACDE

拓展　一般税务咨询的服务方式

税务咨询常见的形式有：书面咨询（最常用）、电话咨询（或称为口头咨询）、晤谈、网络咨询（一种新兴的税务咨询形式）。

拓展　专业税务顾问服务的基本内容

（1）专项税务咨询服务

常见的专项税务咨询服务有：涉税尽职审慎性调查、纳税风险评估、资本市场特殊税务处理合规性审核、与特别纳税调整事项有关的服务。（特殊、专项事项）

（2）长期税务顾问服务

长期税务顾问服务，是指对委托人在接受委托时尚不能确定的具体税务事项提供期限不短于 1 年的咨询服务。

常见的长期税务顾问服务有：税务信息提供、税务政策解释和运用咨询、办税事项提醒和风险提示、涉税措施的评价和建议、代表委托人向税务机关咨询问题和协商税务处理等业务。

【简答题】甲企业拥有的土地因国家建设的需要被依法征收而搬迁，与政府有关部门的已签订搬迁合同。

搬迁合同约定：政府将企业原有的土地收回后，政府有关部门会以另一宗土地补偿该企业，用于补偿土地的价值超过了搬迁补偿款，差额部分由该企业向政府有关部门以货币形式支付。

假定该企业原有土地的原值为 A，账面净值为 B，经评估搬迁补偿款为 C，换入土地的公允价值为 D。

要求：根据以上资料依次回答下列问题。

(1) 企业因搬迁取得土地方式对价的补偿款，是否应该征收增值税和土地增值税？

【答案】

① 企业因搬迁取得土地方式对价的补偿款，免征增值税。

政府采取土地收回方式，即土地所有者依法征收土地，并向土地使用者支付土地及其相关有形动产、不动产补偿费的行为，属于土地使用者将土地使用权归还给土地所有者的情形，可以按规定免征增值税。

② 企业因搬迁取得土地方式对价的补偿款，免征土地增值税。

企业的政策性搬迁若符合因城市实施规划、国家建设的需要而被政府批准征用的房产或收回的土地使用权，以及由企业自行转让的房地产，免征土地增值税。

(2) 企业因政策性搬迁换入的土地应缴纳契税的计税依据是多少？

【答案】

双方交换价值相等，免征契税；其价值不相等的，按超出部分由支付差价方缴纳契税。因此，企业因政策性搬迁换入的土地应缴纳契税的计税依据为（换入土地的公允价值 D – 经评估搬迁补偿款 C）。

(3) 企业因政策性搬迁换入的土地，企业所得税的计税基础是多少？

【答案】

企业政策性搬迁被征用的资产，采取资产置换的，其换入资产的计税成本按被征用资产的净值 B，加上换入资产所支付的税费（涉及补价的还应加上补价款）（$D-C$）计算确定。

【简答题】我国居民周某，向税务师龚某咨询个人所得税政策，提出下列问题，请逐一回答。

(1) 周某年初未及时向单位提供专项附加扣除信息的，是否可以在后续月份提交相关材料后要求单位对之前月份未足额扣除的进行补扣？

【答案】

可以。

扣缴单位根据纳税人提交的专项附加扣除信息，按月计算应预扣预缴的税款，向税务机关办理全员全额纳税申报，纳税人就按月享受到了专项附加扣除政策。如果未能及时报送，也可在以后月份补报，由单位在当年剩余月份发放工资时补扣，不影响纳税人享受专项附加扣除政策。

(2) 周某 2024 年取得职业资格继续教育证书的，能否在 2024 年度汇算清缴时享受继续教育专项附加扣除？

【答案】

可以在 2024 年汇算清缴时享受继续教育专项附加扣除。

(3) 一个纳税年度内，周某的大病医疗专项扣除金额的限额是多少？周某及其配偶、未成年子女应该合并还是分别计算扣除额？

【答案】

在一个纳税年度内，纳税人本人或者其配偶，或者其未成年子女，发生的与基本医保相关的医药费用支出，扣除医保报销后个人负担（指医保目录范围内的自付部分）累计有超过 15000 元的情况。一个纳税年度内，就个人负担超过 15000 元的部分，限额据实扣除，最多可以扣除 80000 元。

纳税人及其配偶、未成年子女发生的医药费用支出，按规定分别计算扣除额。

(4) 专项附加扣除相关佐证资料留存期限。

【答案】

专项附加扣除相关佐证资料，纳税人需要在次年的汇算清缴期（即次年3月1日至6月30日）结束后5年内留存备查。

(5) 如果周某当期没有工资薪金所得，是否可以从其他综合所得（不包括连续性取得劳务报酬的情形）中扣除标准5000元/月？

【答案】

不可以。

劳务报酬所得（不包括连续性取得劳务报酬的情形）、稿酬所得、特许权使用费三项综合所得以每次收入减除费用后的余额为收入额，其中稿酬所得的收入额减按70%计算。当三项综合所得每次收入不超过4000元的，减除费用按800元计算。当每次收入在4000元以上的，减除费用按20%计算。

高频考点 · 其他税务事项代理服务 ★

【单选题】个体工商户的经营所得单独填报《个税经营所得纳税申报表（A表）》，应依据（ ）填报。

A. 资产负债表　　　B. 留存收益表　　　C. 现金流量表　　　D. 应税所得表

解析 个体工商户的经营所得，应填报《个人所得税经营所得纳税申报表（A表）》，并依据应税所得表按月填报并附送有关财务报表，在年度终了后3个月内汇算清缴，实行多退少补。

【答案】D

拓展 代理记账建制的基本要求及重点关注事项

分类建账

涉税专业服务机构及其涉税服务人员，应区别不同的委托人实施分类建账，分别设置复式账或者简易账。

1. 符合下列情形之一的个体工商户，应当设置复式账：

(1) 注册资金在20万元以上的。

(2) 销售增值税应税劳务的纳税人或营业税纳税人月销售（营业）额在40000元以上；从事货物生产的增值税纳税人月销售额在60000元以上；从事货物批发或零售的增值税纳税人月销售额在80000元以上的。

(3) 省税务机关确定应设置复式账的其他情形。

2. 符合下列情形之一的个体工商户，应当设置简易账，并积极创造条件设置复式账：

(1) 注册资金在10万元以上20万元以下的。

(2) 销售增值税应税劳务的纳税人或营业税纳税人月销售（营业）额在15000元至40000元；从事货物生产的增值税纳税人月销售额在30000元至60000元；从事货物批发或零售的增值税纳税人月销售额在40000元至80000元的。

（3）省税务机关确定应当设置简易账的其他情形。

特别提示：

（1）委托人应当配备专人负责日常货币收支和保管，能够按《会计基础工作规范》要求收集、整理、保管所有的原始凭证资料。

（2）对委托人发生的经济业务事项，应当正确填制或者依法取得原始凭证资料。

第六章 其他涉税专业服务

■ **考情分析**

1. 重要程度：本部分属于次重点章节，分值为6~8分。
2. 考查题型：结合近5年真题，通常以单选题、多选题、简答题的形式进行考查。

■ **考点分布**

其他涉税专业服务
- 税务行政复议的有关规定★★
- 税务行政诉讼的有关规定★

高频考点 · 税务行政复议的有关规定★★

【多选题】下列属于税务行政复议受理范围的有（　　）。
A. 税务机关作出的行政处罚行为　　B. 税务机关作出的税收保全措施
C. 税务机关作出的征税行为　　　　D. 税务机关发出的企业涉税风险提醒
E. 发票管理行为

解析　税务行政复议的受理范围：
（1）税务机关作出的征税行为；
（2）行政许可、行政审批行为；
（3）发票管理行为，包括发售、收缴、代开发票等；
（4）税务机关作出的税收保全措施、强制执行措施；
（5）税务机关作出的行政处罚行为；
（6）税务机关不依法履行相应职责的行为；
（7）税务机关作出的资格认定行为；
（8）税务机关不依法确认纳税担保行为；
（9）政府信息公开工作中的行政行为；
（10）税务机关作出的纳税信用等级评定行为；
（11）税务机关作出的通知出入境管理机关阻止出境行为；
（12）税务机关作出的其他行政行为。

申请人认为税务机关的行政行为所依据的下列规范性文件不合法，在对行政行为申请行政复议时，可以一并向行政复议机关提出对该规范性文件的附带审查申请：国务院部门的规范性文件；县级以上地方各级人民政府及其工作部门的规范性文件；乡、镇人民政府的规范性文件；

法律、法规、规章授权的组织的规范性文件。因此，选项D不属于税务行政复议受理范围。

【答案】ABCE

■ 拓展 必经复议的情形

有下列情形之一的，申请人应当先向行政复议机关申请行政复议，对行政复议决定不服的，可以再依法向人民法院提起行政诉讼。

（1）对税务机关作出的征税行为不服。

（2）对税务机关当场作出的行政处罚决定不服。

（3）认为税务机关存在未履行法定职责情形。

（4）申请政府信息公开，税务机关不予公开。

（5）法律、行政法规规定应当先向行政复议机关申请行政复议的其他情形。

申请人对税务机关作出的征税行为［第（1）项］不服，按照规定申请行政复议的，必须依照税务机关根据法律、法规确定的税额、期限，先行缴纳或者解缴税款和滞纳金，或者提供相应的担保，才可以在缴清税款和滞纳金以后或者所提供的担保得到作出行政行为的税务机关确认之日起60日内提出行政复议申请。

申请人对税务机关作出逾期不缴纳罚款加处罚款的决定不服的，应当先缴纳罚款和加处罚款，再申请行政复议。

【多选题】下列对税务行政复议代理人的说法中，不正确的有（　　）。

A. 委托人可以委托1~2名代理人参加行政复议

B. 接受当事人委托，以被代理人名义，在法律规定的权限范围内，为代理复议行为而参加复议的个人

C. 申请人可以委托三名以上代理人参加行政复议

D. 接受当事人委托，以被代理人名义，在当事人授予的权限范围内，为代理复议行为而参加复议的个人

E. 申请人委托代理人的，应当向行政复议机关提交授权委托书

🔍 解析 申请人、第三人可以委托1~2名代理人参加行政复议；被申请人不得委托本机关以外人员参加行政复议。

【答案】AC

■ 拓展 税务行政复议的申请人

申请人的身份	相关规定
合伙企业申请行政复议的	应当以核准登记的企业为申请人，由执行合伙事务的合伙人代表该企业参加行政复议；其他合伙组织申请行政复议的，由合伙人共同申请行政复议。 上述规定以外的不具备法人资格的其他组织申请行政复议的，由该组织的主要负责人代表该组织参加行政复议；没有主要负责人的，由共同推选的其他成员代表该组织参加行政复议

续表

申请人的身份	相关规定
股份制企业的股东大会、股东代表大会、董事会认为税务行政行为侵犯企业合法权益申请行政复议的	可以以企业的名义申请行政复议
公民申请行政复议的	有权申请行政复议的公民死亡的,其近亲属可以申请行政复议; 有权申请行政复议的公民为无行为能力人或者限制行为能力人,其法定代理人可以代理申请行政复议
有权申请行政复议的法人或者其他组织发生合并、分立或终止的	承受其权利义务的法人或者其他组织可以申请行政复议
非行政行为的行政管理相对人,但其权利直接被该行政行为所剥夺、限制或者被赋予义务的公民、法人或其他组织,在行政管理相对人没有申请行政复议时,可以单独申请行政复议(除申请人之外的利益相关方,第三人)	

【单选题】经核准的合伙企业申请税务行政复议的,要求( )。
A. 以合伙企业为申请人,由执行合伙事务的合伙人代表企业参加税务行政复议
B. 以合伙企业为申请人,由全部合伙人一起参加税务行政复议
C. 以执行合伙事务的合伙人为申请人,并参加税务行政复议
D. 以合伙企业为申请人,由出资金额最大或合伙比例最高的合伙人代表企业参加税务行政复议

解析 合伙企业申请行政复议的,应当以核准登记的企业为申请人,由执行合伙事务的合伙人代表该企业参加行政复议。其他合伙组织申请行政复议的,由合伙人共同申请行政复议。
【答案】A

【单选题】税务行政复议申请期限是申请人知晓税务机关作出行政行为之日起( )日内。
A. 15　　　　　　B. 30　　　　　　C. 45　　　　　　D. 60
解析 申请人可以在知道税务机关作出行政行为之日起60日内提出行政复议申请。
【答案】D

拓展 税务行政复议的被申请人(税务机关,认章)

适用情形	被申请人
对行政行为不服申请行政复议的	作出该行政行为的税务机关
对扣缴义务人的扣缴税款行为不服的	主管该扣缴义务人的税务机关

续表

适用情形	被申请人
对税务机关委托的单位和个人的代征行为不服的	委托税务机关为被申请人（而不是代征方）
税务机关与法律、法规授权的组织以共同的名义作出行政行为的	税务机关和法律、法规授权的组织为共同被申请人
税务机关与其他组织以共同名义作出行政行为的	税务机关
经上级税务机关批准作出行政行为的	批准机关为被申请人
对经重大税务案件审理程序作出决定不服的	审理委员会所在税务机关
税务机关设立的派出机构、内设机构或者其他组织，未经法律、法规授权，以自己名义对外作出行政行为的	税务机关

拓展 税务行政复议申请时限的要求

申请人认为行政行为侵犯其合法权益的，可以自知道或者应当知道该行政行为之日起60日内提出行政复议申请，但是法律规定的申请期限超过60日的除外。

因不可抗力或者其他正当理由耽误法定申请期限的，申请期限自障碍消除之日起继续计算。

行政机关作出行政行为时，未告知公民、法人或者其他组织申请行政复议的权利、行政复议机关和申请期限的，申请期限自公民、法人或者其他组织知道或者应当知道申请行政复议的权利、行政复议机关和申请期限之日起计算，但是自知道或者应当知道行政行为内容之日起最长不得超过1年。

因不动产提出的行政复议申请自行政行为作出之日起超过20年，其他行政复议申请自行政行为作出之日起超过5年的，行政复议机关不予受理。

【单选题】下列属于会导致税务行政复议终止的情形是（   ）。
A. 行政复议机关认为需要中止行政复议的
B. 被申请人认为需要停止执行行政复议的
C. 申请人因不可抗力不能参加行政复议的
D. 申请人要求撤回行政复议申请的，复议机构准予撤回的

解析 行政复议期间，有下列情形之一的，行政复议终止：
（1）申请人要求撤回行政复议申请，行政复议机构准予撤回的。
（2）作为申请人的公民死亡，没有近亲属，或者其近亲属放弃行政复议权利的。
（3）作为申请人的法人或者其他组织终止，没有权利义务承受人或者其权利义务承受人放弃行政复议权利的。
（4）申请人对行政拘留或者限制人身自由的行政强制措施不服申请行政复议后，因同一违法行为涉嫌犯罪，被采取刑事强制措施的。

【答案】D

【单选题】税务行政复议期间，下列情形引起行政复议终止的是(　　)。

A. 作为申请人公民下落不明的

B. 申请人与被申请人依照规定，经行政复议机构准许达成和解的

C. 行政复议机关因不可抗力不能参加行政复议的

D. 行政复议机关认为行政行为需要停止执行的

【答案】B

拓展　行政复议中止的情形（还有可能继续，先暂停）

（1）作为申请人的公民死亡，其近亲属尚未确定是否参加行政复议。

（2）作为申请人的公民丧失参加行政复议的能力，尚未确定法定代理人参加行政复议。

（3）作为申请人的公民下落不明。

（4）作为申请人的法人或者其他组织终止，尚未确定权利义务承受人。

（5）申请人、被申请人因不可抗力或者其他正当理由，不能参加行政复议。

（6）依照《中华人民共和国行政复议法》规定进行调解、和解，申请人和被申请人同意中止。

（7）行政复议案件涉及的法律适用问题需要有权机关作出解释或者确认。

（8）行政复议案件审理需要以其他案件的审理结果为依据，而其他案件尚未审结。

（9）申请人依照规定提出对有关规范性文件的附带审查申请，或者行政复议机关在对被申请人作出的行政行为进行审查时认为其依据不合法。

（10）需要中止行政复议的其他情形。

【简答题】2024年3月某县税务局在检查过程中，对甲公司取得的异常扣税凭证认定为虚开的增值税专用发票，其已抵扣的进项税额造成少缴增值税40万元。并于2024年4月15日下达了税务处理决定书和税务行政处罚决定书，决定补缴税款40万元，按规定加收滞纳金，并处少缴税款1.5倍的罚款。

甲公司不服，认为是善意取得增值税发票，并于4月16日就补缴税款和滞纳金的税务处理决定向其上级税务机关市税务局申请行政复议，市税务局于收到复议申请后的第二天以"未缴税款及滞纳金"为由决定不予受理。

要求：请依次回答下列问题。

（1）甲公司是否可以直接向人民法院起诉？

【答案】

不可以直接提起诉讼。

申请人对税务机关作出的征税行为等特定行为不服的，应当先向行政复议机关申请行政复议。对行政复议决定不服的，可以向人民法院提起行政诉讼。而缴纳税款及滞纳金属于税务机关作出的征税行为，因此，必须先申请行政复议。

（2）市税务局作出不予受理的决定是否正确？

【答案】

市税务局作出不予受理的决定正确。

申请人申请行政复议的，必须依照税务机关根据法律、法规确定的税额、期限，先行缴纳或者解缴税款和滞纳金，或者提供相应的担保，才可以在缴清税款和滞纳金以后或者所提供的担保得到作出行政行为的税务机关确认之日起60日内提出行政复议申请，申请人提供担保的方式包括保证、抵押和质押。

（3）请列举2种以上增值税异常扣税凭证。

【答案】
① 符合下列情形之一的增值税专用发票，列入异常凭证范围：
纳税人丢失、被盗税控专用设备中未开具或已开具未上传的增值税专用发票；
非正常户纳税人未向税务机关申报或未按规定缴纳税款的增值税专用发票；
增值税发票管理系统稽核比对发现"比对不符""缺联""作废"的增值税专用发票；
经国家税务总局、省税务局大数据分析发现，纳税人开具的增值税专用发票存在涉嫌虚开、未按规定缴纳消费税等情形的。

② 走逃（失联）企业存续经营期间发生下列情形之一的，所对应属期开具的增值税专用发票列入：

a. 商贸企业购进、销售货物名称严重背离的。生产企业无实际生产加工能力且无委托加工，或生产能耗与销售情况严重不符，或购进货物并不能直接生产其销售的货物且无委托加工的。

b. 直接走逃失联不纳税申报，或虽然申报但通过填列增值税及附加税费申报表相关栏次，规避税务机关审核比对，进行虚假申报的。

③ 增值税一般纳税人申报抵扣异常凭证，同时符合下列情形的，其对应开具的增值税专用发票列入异常凭证范围：

a. 异常凭证进项税额累计占同期全部增值税专用发票进项税额70%（含）以上的。

b. 异常凭证进项税额累计超过5万元的。

■ **拓展　税务行政复议的审查和决定**

（1）适用普通程序审理的行政复议案件，行政复议机关应当自受理申请之日起60日内作出行政复议决定；但是法律规定的行政复议期限少于60日的除外。情况复杂，不能在规定期限内作出行政复议决定的，经行政复议机构的负责人批准，可以适当延长，并书面告知当事人；但是延长期限最多不得超过30日。

（2）适用简易程序审理的行政复议案件，行政复议机关应当自受理申请之日起30日内作出行政复议决定。

■ **拓展　税务行政复议的管辖原则**

（1）对各级税务局的行政行为不服的，向其上一级税务局申请行政复议；对计划单列市税务局的行政行为不服的：向国家税务总局申请行政复议。

（2）对税务所（分局）、各级税务局的稽查局的行政行为不服的：向其所属税务局申请行政复议。

（3）对国家税务总局的行政行为不服的：向国家税务总局申请行政复议；对行政复议决定不服，申请人可以向人民法院提起行政诉讼，也可以向国务院申请裁决，国务院的裁决为最终裁决。（特例：税总最大，只能本级复议；复议前置，防止滥诉）。

（4）对两个以上税务机关共同作出的行政行为不服的：向共同上一级税务机关申请行政复议。

（5）对税务机关与其他行政机关共同作出的行政行为不服的：向其共同上一级行政机关申请行政复议。

（6）对被撤销的税务机关在撤销以前所作出的行政行为不服的：向继续行使其职权的税务机关的上一级税务机关申请行政复议。(概括承受)

（7）对税务机关作出逾期不缴纳罚款加处罚款的决定不服的：向作出行政处罚决定的税务机关申请行政复议。(本级复议的特例，通常税收争议不大)

（8）对税务机关作出的已处罚款及加处罚款的决定都不服的：一并向作出行政处罚决定的税务机关的上一级税务机关申请行政复议。

高频考点 · 税务行政诉讼的有关规定 ★

【单选题】下列属于税务行政诉讼特有原则的是(　　)。
A. 当事人法律地位平等原则
B. 辩论原则
C. 宣判权独立原则
D. 诉讼不停止执行原则

解析 税务行政诉讼的特有原则，包括：依法审查原则、有限变更原则、被告举证原则、诉讼不停止执行原则。

【答案】D

拓展 税务行政诉讼受案范围与税务行政复议一致。

人民法院不受理的情形	行政法规、规章或者行政机关制定、发布的具有普遍约束力的决定、命令
	税务内部行政行为，如税务机关对税务人员的奖惩、任免等决定
	税务行政调解行为
	不具有强制力的税务行政指导行为，如税务机关对纳税人咨询税收业务问题的答复
	其他对公民、法人或者其他组织权利义务不产生实际影响的税务行政行为，如税务机关就税收违法案件查处情况据实答复案件检举人的行为

【单选题】在行政诉讼中，不能作为定案证据的是(　　)。
A. 以窃听手段获取侵害他人合法权益的材料
B. 勘验笔录
C. 当事人的陈述
D. 境内已办理法定证明手续的材料

解析 下列证据材料不得作为定案依据：
（1）违反法定程序收集的证据材料。
（2）以偷拍、偷录和窃听等手段获取侵害他人合法权益的证据材料。

(3) 以利诱、欺诈、胁迫和暴力等不正当手段获取的证据材料。

(4) 无正当事由超出举证期限提供的证据材料。

(5) 无正当理由拒不提供原件、原物，又无其他证据印证，且对方不予认可的证据的复制件、复制品。

(6) 无法辨明真伪的证据材料。

(7) 不能正确表达意志的证人提供的证言。

(8) 不具备合法性、真实性的其他证据材料。各级行政复议机关负责法制工作的机构依据职责所取得向有关组织和人员调查取证，查阅文件和资料所取得的有关材料，不得作为支持被申请人行政行为的证据。

【答案】A

【简答题】甲公司于 2024 年 5 月 29 日完成上年度企业所得税汇算清缴，办理了纳税申报并缴纳税款入库。2025 年 4 月发现 2023 年度企业所得税汇算清缴时因计算错误多缴了 68 万元，在 2025 年 5 月 18 日向主管税务机关提出退还多缴税款申请。主管税务机关认为这部分税款属于 2023 年度的税款，已超过法律规定的退还期限，决定不予退还，于 2025 年 5 月 25 日制作相关文书，并在 2024 年 5 月 26 日送达该公司签收。

要求：请依次回答下列问题。

(1) 甲公司多缴的税款是否可以退还？

【答案】

多缴的税款可以退还。

纳税人超过应纳税额缴纳的税款，纳税人自结算缴纳税款之日起三年内发现的，可以向税务机关要求退还多缴的税款并加算银行同期存款利息，税务机关及时查实后应当立即退还。本题中，时限未超过 3 年，因此，可以申请退还多缴税款并加算利息。

(2) 对税务机关不予退税决定，甲公司能否直接向人民法院提起行政诉讼？

【答案】

不能直接提起行政诉讼。

此项行为属于征税行为，申请人对征税行为不服的，应当先向行政复议机关申请行政复议。对行政复议决定不服的，可以向人民法院提起行政诉讼。

(3) 甲公司若申请税务行政复议，必须从哪一天开始多少天内提出申请？

【答案】

自 2024 年 5 月 26 日起 60 日内提出申请。

(4) 甲公司应向哪个机关申请税务行政复议？

【答案】

甲公司应向主管税务机关的上级税务机关申请行政复议。

(5) 复议机关受理后，应在多长时间内作出复议决定？最长可以延期多少天？

【答案】

复议机关应自受理之日 60 日内作出复议决定。情况复杂需要延长的，最多不超过 30 日。

拓展 税务行政诉讼的管辖（法定管辖为一般、裁定管辖为例外）。

管辖类别		具体规定
法定管辖	级别管辖（按重大复杂性原则）	（1）基层人民法院管辖：第一审税务行政案件。 （2）中级人民法院管辖：本辖区内重大、复杂的税务行政案件，以及对国务院部门或者县级以上地方人民政府所作的行政行为提起诉讼的案件。 （3）高级人民法院管辖：本辖区内重大、复杂的第一审税务行政案件。 （4）最高人民法院管辖：全国范围内重大、复杂的第一审税务行政案件
	地域管辖（按最有联系地原则）	（1）普通管辖：一般税务行政案件由最初作出行政行为的税务机关所在地人民法院管辖，经复议的案件，复议机关改变原行政行为的，也可以由复议机关所在地人民法院管辖。 （2）专属管辖：因不动产提起的税务行政诉讼，由不动产所在地人民法院管辖。 （3）选择管辖：两个以上人民法院都有管辖权的案件，原告可以选择其中一个人民法院提起诉讼，原告向两个以上有管辖权的人民法院提起诉讼的，由最先收到起诉状的人民法院管辖（防止重复诉讼）
裁定管辖	移送管辖	人民法院发现受理的案件不属于自己管辖时，应当移送有管辖权的人民法院，受移送的人民法院不得再行移送。（防止踢皮球） 特别提示：移送管辖必须具备的条件。 移送人民法院已经受理了该案件；移送法院发现自己对该案件没有管辖权；接受移送的人民法院必须对该案件确有管辖权
	指定管辖	上级人民法院以裁定的方式，就某一具体案件指定某一下级人民法院管辖。 特别提示：有管辖权的人民法院因特殊原因不能行使对行政诉讼的管辖权的，由其上级人民法院指定管辖；人民法院对管辖权发生争议且协商不成的，由它们共同的上级人民法院指定管辖
	移转管辖	人民法院将自己有管辖权的税务行政案件在上下级法院之间变更管辖权。 上级人民法院有权审理下级人民法院管辖的第一审税务行政案件；下级人民法院对其管辖的第一审税务行政案件，认为需要由上级人民法院审理或者指定管辖的，可以报请上级人民法院决定

【简答题】 2024年3月17日，县税务局制作对甲公司补缴税款和滞纳金的税务处理决定书和处以少缴纳税款1倍的行政处罚决定书，上述文书于3月20日送达甲公司并由甲公司签收，甲公司对县税务局的处理决定和处罚决定有异议，拟提起税务行政复议。

要求：请依次回答下列问题。

（1）甲公司拟提供纳税担保后对应补缴的税款和滞纳金提请复议，纳税担保人资格应由谁确认？

【答案】纳税担保人资格应由作出行政行为的税务机关（县税务局）确认。

（2）甲公司提请复议的60天时限应该从哪一天开始计算？

【答案】甲公司提请复议的60天时限应从所提供的担保得到作出行政行为的税务机关确认之日开始计算。

（3）对于处罚决定提请复议是否需要甲公司提供纳税担保？

【答案】对于处罚决定提请复议不需要甲公司提供纳税担保。

（4）对于处罚决定甲公司可否直接提起行政诉讼？

【答案】对于处罚决定甲公司可以不经过复议直接提起行政诉讼。

（5）如果复议申请被上级税务机关受理，复议机关应在多少日作出复议决定？什么情况下可以延期？最长可以延多少天？

【答案】行政复议机关应当自受理申请之日起60日内作出行政复议决定。如果情况复杂，不能在规定期限内作出行政复议决定的，经行政复议机关负责人批准，可以适当延期，并告知申请人和被申请人，但延期不得超过30日。

（6）如果甲公司对复议决定不服但未在规定时限内起诉，同时又拒绝履行复议决定，税务机关如何得以执行税款？

【答案】税务机关可以依法强制执行或申请法院强制执行甲公司相关资产，以实现税款的实现。

① 维持行政行为的行政复议决定，由作出行政行为的税务机关依法强制执行或申请人民法院强制执行。

② 变更行政行为的行政复议决定，由行政复议机关依法强制执行或申请人民法院。